AF252940

L'HONNEUR

DE

LA FAMILLE

PAR

G. DE LA LANDELLE

PARIS

ALEXANDRE CADOT, ÉDITEUR,

37, RUE SERPENTE

—

1854

L'HONNEUR DE LA FAMILLE.

Ouvrages de Paul Féval.

—

Le Tueur de Tigres . . . . 2 vol.
Les Parvenus. . . . . 3 vol.
Le Capitaine Simon . . . . 2 vol.
La Sœur des Fantômes. . . . . 3 vol.
La Fée des Grèves. . . . . 3 vol.
Les Belles de Nuit. . . . . 8 vol.

Sous presse.

Le Champ de Bataille.
Le Paradis des Femmes.
La Louve.

Ouvrages de G. de La Landelle.

—

L'Honneur de la Famille. . . . . 2 vol.
Les Princes d'Épée. . . . . 5 vol.
Falkar le Rouge. . . . . 5 vol.
Les Iles de Glace. . . . . 4 vol.
Une Haine à Bord . . . . 2 vol.
Le Morne aux Serpents. . . . . 2 vol.

Sous presse.

Le Château de Noirtier.

Ouvrages d'Alexandre Dumas fils.

—

Le Roman d'une femme . . . . 4 vol.
Tristan le Roux. . . . . 3 vol.
Césarine . . . . 4 vol.
Le docteur Servans . . . . 3 vol.
Aventures de quatre femmes . . . . 6 vol.

Sous presse.

Les Amours véritables.

Impr. de E. Dépée, à Sceaux (Seine).

DÉPÔT LÉGAL
Seine-et-Marne
129
185.

L'HONNEUR

DE

LA FAMILLE

PAR

G. DE LA LANDELLE.

BIBLIOTHÈQUE IMPÉRIALE
IMPR.

PARIS

ALEXANDRE CADOT, ÉDITEUR,

37, RUE SERPENTE.

1854

PROLOGUE

MADELEINE VANNEAU

L'honneur est comme une île escarpée et sans bords :
On n'y peut plus rentrer dès qu'on en est dehors.

Boileau-Despréaux, Satire X.

Que celui d'entre vous qui est sans péché lui jette
le premier la pierre.

Évangile selon saint Jean, ch. VIII, v. 7.

I

Le chapitre des contradictions.

Le mariage d'Amédée de Marly fit scan—
dale. — Peu de mois après avoir hérité de
vingt-cinq mille livres de rente, sur lesquelles il n'avait jamais dû raisonnablement
compter, alors même qu'il se trouvait tout à

coup en position d'obtenir la main des jeunes personnes les mieux nées, des plus riches héritières, il épousa, sans qu'on sût trop comment ni pourquoi, une certaine dame Vanneau, jeune veuve d'une condition obscure, et dont la réputation équivoque, exagérée peut-être par la calomnie, fit pousser les hauts cris à tous ses parents, alliés, amis ou connaissances.

— Quel dommage ! un si galant homme !...

— Quel malheur !... quelle folie !... disait-on de toutes parts.

— C'était une honte !... Pouvait-on faire un si méchant usage de la fortune ; certes, il méritait bien peu son bonheur !...

— Épouser une jeune fille sans dot, faire un mariage chevaleresque, c'est ridicule ; mais encore n'y a-t-il que demi-mal !...

— Comment donc ! c’est un bienfait et presque une œuvre pie, mon cher. Délivrer du célibat une jeune personne comme il faut !... Vous raillez l’héroïsme, je crois ?

— Moi, pas du tout !... J’allais dire seulement que je ne conçois pas qu’on aille dénicher, Dieu sait où, une Madeleine Vanneau...

— D’accord, mon ami, d’accord !... L’on ne fit jamais sottise plus pommée !

De proche en proche la clameur de haro retentit dans tous les salons de Paris ; M. de Marly fut mis à l’index comme un homme qui, de propos délibéré, brave les préjugés les plus respectables.

Quant à madame de Marly, c’est-à-dire Madeleine Vanneau, comme on l’appelait en petit comité : — « Fi ! » disait on, son contact eût souillé la candeur virginale de mesdemoiselles de Valvert, de la Haute-feuillée, de Roqueville, des Landorres, ces mêmes jeunes filles qui, le mois d'auparavant, eussent toutes accepté à l'envi, sans hésitation, la main et le nom d'Amédée de Marly.

Les jeunes femmes auraient rougi jusqu'au blanc des yeux au seul aspect de Madeleine Vanneau devenue, tout à coup, bien malgré elle, une célébrité du jour.

La comtesse de la Gisaie, née Mathilde d'Arvelles, parut, entre autres, fort curieuse de l'histoire du mariage étrange d'Amédée de Marly. C'était une femme d'un naturel bon et généreux que la jeune comtesse, bien qu'un dédain de grand ton perçât à travers sa curiosité; c'était une âme pieuse, indulgente en tant que chrétienne, mais intraitable comme femme du monde; — pareilles contradictions sont trop fréquentes pour qu'on s'arrête à les analyser. — Comme femme du monde, elle était outrée; en tant que chrétienne, elle eût voulu excuser, louer peut-être, la choquante union dont le chevalier de la Gisaie, son beau-frère, lui racontait les détails de point en point.

Aimable et joyeux gentilhomme, s'il en fût, brillant dans les salons, conquérant de boudoirs, héros des coulisses de l'Opéra, beau diseur et profond philosophe à son cercle, le chevalier menait de front, sans embarras, deux ou trois existences fort variées, fort enchevêtrées, et qu'il ne se chargeait point de concilier entre elles. Il avait de grands et solides principes à l'hôtel de la Gisaie, et en professait de fort légers au delà de son enceinte. Il ne se croyait pas hypocrite pourtant, méprisait les tartufes et s'estimait homme d'honneur, car il payait une dette de jeu dans les vingt-quatre heures, croisait le fer, sans hésiter, avec tous venants, et n'eût point faussé sa parole pour sauver sa vie. Entre jeunes gens, il déclarait n'avoir jamais cru à la vertu des femmes; il était d'une galanterie mesurée tout justement à leur degré de vertu.

Qu'en somme la conduite de M. le chevalier ne soit point fort logique, peu nous importe, en vérité. Madame sa belle-sœur était bien à la fois dévote et mondaine, altière et charitable, implacable et compatissante; pourquoi M. le chevalier ne serait-il point un amalgame d'honneur et de fausseté, de libertinage et de philosophie?

Attendu qu'il était fort riche, il aurait pu choisir, lui aussi, entre mesdemoiselles de Valvert, de la Hautefeuillée, de Roqueville, des Landorres et autres non moins intéressantes jeunes filles. Certes, les meilleures familles se fussent honorées de son alliance, on lui fit même, à plusieurs reprises, des ouvertures assez transparentes ; mais il préférait l'indépendance au mariage, et aux tracas monotones du ménage la douce vie de garçon.

Bref, le chevalier de la Gisaie n'ignorait rien de la biographie peu édifiante de Madeleine veuve Vanneau, présentement dame de Marly. La version qu'il en donna en termes d'une exquise convenance à sa jeune belle-sœur fut très piquante assurément, et l'on nous reprochera peut-être d'y substituer une version moins badine; — mais nous devons dire, avant tout, qu'Amédée avait été longtemps admis dans la plus grande intimité chez madame la marquise d'Arvelles, mère de Mathilde.

Cette intimité fort grande était justifiée, du reste, par d'anciennes relations de famille ; et Amédée fut d'autant mieux accueilli, qu'étant sans fortune et sans espérances de fortune, on le regardait comme un garçon absolument sans conséquence. Il achevait on ne sait quel surnumérariat dans on ne sait quel ministère, et mademoiselle Mathilde aurait deux ou trois cent mille francs de dot ! — Mais mademoiselle Mathilde était charmante, Amédée s'en aperçut fort vite, hélas ! et à son dam, sans songer à la dot, il devint éperdument amoureux.

Comment s'avisa-t-il de pareille absur-

dité? D'honneur, c'est à n'y rien comprendre. Mathilde était jolie et spirituelle, ave-
nante, douce et distinguée; Amédée était
distingué, fort aimable, intelligent, généreux, parfaitement élevé, bien pris de sa
personne, plein de goût et très jeune. Dans
aucune autre maison, il n'était sur le même
pied de familiarité que chez le marquis d'Arvelles; nulle part, il ne rencontrait une
jeune personne comparable à Mathilde, et
il devint amoureux! Voilà qui dépasse toutes les bornes de l'invraisemblance. Ce gar-
çon-là, décidément, était prédestiné à ne
faire que sottises sur sottises.

A grand' peine pouvait-il, en s'imposant
des privations sur le strict nécessaire, subvenir aux dépenses qu'exige la fréquenta-
tion du monde. Et cependant, autre folie,
avec l'audace de l'amour extrême, il se ré-

solut un jour à tenter l'impossible; il osa demander la main de Mathilde.

Il ajoutait foi sans doute au proverbe classique : « La fortune favorise les audacieux. »

La marquise d'Arvelles lui répondit par un sourire de commisération affectueuse :

— A quoi donc songez-vous, mon cher Amédée? On ne fait que dans les romans des mariages comme celui que vous rêvez!... Vous êtes d'une excellente famille, vous avez reçu la meilleure éducation, vous en avez supérieurement profité; vous partagez nos opinions et nos principes; vous vous distinguez par des qualités honorables et des vertus solides; vous ne manquez pas précisément d'avenir; avec vos talents, j'espère bien qu'un jour vous parviendrez à la justice dont vous êtes digne, mais.....

— Oh ! madame la marquise, interrompit

vivement Amédée, ne prenez pas la peine de me répéter ce que je m'étais mille fois dit à moi-même!..... Je suis un insensé; je ne suis pas un aveugle. Si j'ai vu les perfections de mademoiselle Mathilde, j'ai vu aussi les obstacles qui s'élèveraient entre nous; je savais bien que mes vœux seraient repoussés.....

— Vous le saviez? dit la marquise.

— Oui, mais mademoiselle votre fille, que j'aime en secret depuis son enfance, atteint l'âge où elle sera l'objet de demandes plus sérieuses que la mienne.....

— Plus sérieuses, c'est cela! répéta la marquise d'Arvelles; vous avez un jugement parfait, mon jeune ami; vous vous condamnez vous-même. Pourquoi donc, je vous le demande, votre pénible démarche?

— Parce que je serais mort de regret, je

crois, si je ne l'avais tentée ; il me fallait vo .
tre refus formel, madame la marquise; je
suis satisfait !...

— Ainsi, mon bon Amédée, vous ne
m'entretenez de vos châteaux en Espagne
que par acquit de conscience...

— Oui, madame, pour qu'un jour venant,
ni vous, ni mademoiselle Mathilde, ni qui
que ce soit au monde ne me brise le cœur
par quelque banalité comme : « Faute de
parler on meurt sans confession. »

—A merveille! l'on ne peut prendre plus
galamment un échec; aussi, je vous plains,
et beaucoup, mon pauvre ami.

« — Mon pauvre ami !..... » pensait Amédée.

Un triste sourire glissa sur ses lèvres.

— Je ne suis pas de ces mères qui sacrifient à des caprices l'avenir de leurs enfants, ajoutait la marquise d'Arvelles.

Après quoi, trouvant Amédée de si bonne composition, elle émit complaisamment une théorie très judicieuse sur les avantages des unions assorties sous le rapport essentiel de la fortune. Elle lui donna même à entendre que la situation n'eût été changée en rien lors même que Mathilde eût partagé l'ardeur de ses sentiments.

Il est des périphrases adroites qui permettent de déclarer en face à un honnête homme que pauvreté est lepi re des vices. Encore doit-on savoir gré aux chères dames qui daignent s'en servir.

La thèse fut développée jusqu'à l'impertinence; madame la marquise d'Arvelles poussa la candeur au point de se lamenter d'être fort en peine de trouver un gendre fort convenable. Amédée, pâle de douleur, comprimait un véritable courroux. Oh! madame d'Arvelles eût été non moins désolée que surprise, si elle avait pu soupçonner ce qu'il ressentait de colère à l'entendre disserter de sens rassis. Elle abusait naïvement, la digne femme, elle causait avec grâce et se croyait bienveillante.

— Vienne la fortune me visiter un jour, murmura en se retirant Amédée de Marly, et je jure de la traiter à mon tour comme elle me traite maintenant!...

A peu de temps de là, Mathilde fut accordée au comte de la Gisaie, jeune et brillant officier de la garde qui se retirait du service. Inutile d'ajouter que le comte avait une fortune superbe. Homme de mérite et de cœur, il était, du reste, parfaite, ment choisi pour assurer le bonheur de Mathilde.

Amédée de Marly assista au mariage, dont le premier témoin fut le vicomte de Lormel, intime ami et frère d'armes du nouveau marié.

Mathilde lui parut plus charmante que jamais; il souffrait toutes les tortures, non de la jalousie, mais d'un désespoir raisonné, qui ne lui inspirait ni haine ni colère contre personne, mais un dégoût profond de la vie, du monde, de l'amour même, et surtout de la classe sociale dans laquelle ses relations de famille l'avaient appelé à vivre.

— Pourquoi y suis-je né, puisque je ne saurais y trouver une compagne? s'écriait-il. Pourquoi m'accueillait-on avec faveur? Pourquoi m'était-il permis de fréquenter ces jeunes filles, s'il m'est interdit de m'unir à

aucune d'elles ? Madame la marquise d'Arvelles m'a parfaitement fait comprendre
qu'à ses yeux je n'étais pas même un homme.
Je n'ai pas de sexe, je ne suis rien, je ne suis
point; je ne devrais ni aimer, ni sentir, ni
admirer, ni même désirer !

Amédée pardonnait sans arrière-pensée à
la bonne dame ses impertinences involon-
taires ; il raisonnait, — avec amertume, à la
la vérité, — mais avec justesse et même
avec justice, car, poursuivait-il :

— La mère de Mathilde a des principes
sévères; très bien ! Le comte de la Gisaie, qui
a sur moi l'incalculable avantage de la fortune, me vaut sous tous les autres rapports.
Ce n'est point un libertin et un fat comme
M. le chevalier, son frère cadet, à qui, pourtant, l'on n'eût peut-être pas refusé Mathilde!... Heureusement elle a un mari digne

d'elle et digne de l'amitié intime du vicomte de Lormel, son camarade. En conscience, je ferai la part de chacun. Je ne saurais refuser mes éloges à ces deux braves et loyaux officiers, natures fières, desintéressées, honnêtes, qui donnent chaque jour des preuves éclatantes de leurs belles qualités. Tout, en eux, est honorable, leur amitié même rehausse le prix de leur mérite. — Ai-je été assez impartial envers mon rival heureux ? On l'a préféré ; je ne prétends pas qu'on ait eu tort ; eh ! mon Dieu ! à la place de madame d'Arvelles, j'en eusse fait autant sans doute !..... Mais il est tels sots, tels mauvais sujets fieffés, comme le chevalier de la Gisaie, par exemple, auxquels me sacrifieraient dès demain la plupart des mères de famille !...

Amédée, à ces mots, haussait les épaules avec mépris :

— Et je continuerais à fréquenter leur monde! reprit-il en frémissant, et si jamais je parviens à m'arracher du cœur l'amour de Mathilde, je m'exposerais à une nouvelle passion sans issue! Oh! pour le coup, la récidive serait impardonnable!... Je n'avais pas encore l'expérience de la vie, quand voyant sans cesse Mathilde, je me pris à l'aimer simplement, de tout mon cœur, comme le paysan aime la paysanne, comme l'ouvrier aime l'ouvrière, parce qu'au résumé il est naturel d'aimer dans sa sphère et que je vivais dans la même sphère qu'elle. Je serais fou désormais de ne pas en sortir, pour n'y plus rentrer!...

Amédée de Marly cessa complètement de

paraître dans le monde, où son absence ne fut pas remarquée par dix personnes. Mais le choléra ayant emporté tout d'un coup vingt de ses parents plus ou moins proches, il advint qu'en moins de six semaines, Amédée, de pauvre gentillâtre sans espérances de fortune, se transforma en héritier direct de M. le duc et pair Féan du Braicq, son arrière-grand-oncle, lequel presque aussitôt mourut intestat sous le coup d'une attaque d'apoplexie foudroyante.

Un duc et pair qui laisse plus de cent mille livres de rentes ne meurt pas sans que l'on sache quels sont ses héritiers ; aussi n'ignora-t-on point ce que la destinée, parfois railleuse, avait fait soudainement des millions du duc Féan du Braicq.

Le premier quart incomba à une sœur grise octogénaire qui, ayant voué sa vie à

la pauvreté, s'en désista en faveur de l'hos-
pice où elle occupait l'humble emploi de
chiffonnière; — le second alla s'engloutir,
comme un ruisselet dans l'Océan, au fond
des coffres d'un Anglais vingt fois million-
naire, petit-fils d'une sœur du duc et pair ;—
le troisième devint le partage d'une estimable demoiselle de cinquante ans, dont le
mariage fit grand bruit à Pré-en-Paille ; —
le quatrième enfin fut cause que, l'hiver
suivant, M. Amédée de Marly, dont personne
ne s'était souvenu depuis trois ans et plus,
fut littéralement accablé d'invitations par
messieurs et mesdames de Valvert, de la
Hautefeuillée, de Roqueville, des Landorres, etc..., pères et mères de mesdemoiselles Aglaé, Euphrasie, Ernestine et autres, toutes jeunes personnes charmantes,
supérieurement élevées, et dont le futur

mari ne pouvait avoir, en aucun cas, moins de vingt mille livres de rentes.

Ces nombreuses invitations, dont quelques-unes étaient des autographes, furent précieusement collectionnées par Amédée de Marly, qui les fit relier en maroquin et mit le volume sous enveloppe à l'adresse de madame veuve Vanneau avec la lettre d'envoi ci-dessous :

« Ma chère Madeleine,

» Depuis que je suis riche, — voici déjà » six mois en vérité, — votre confiance en » moi diminue, je le sens bien. Votre con- » duite a changé à mon égard, vous n'êtes » plus aussi expansive, aussi prévenante, » aussi empressée à prendre votre part de » mes chagrins ou de mes joies. Vous ne

» venez plus, comme auparavant, distraire

» ou plaindre votre ami, le consoler, le

» charmer. L'aimez-vous encore autant?...

» Je crains que non !

» Je crains que vous ne me croyez, moi

» aussi, gâté par la fortune, rêvant une

» existence nouvelle, une position élevée,

» un brillant mariage, peut-être..... un ma-

» riage dans ce monde où j'ai tant aimé

» Mathilde! Disons tout avec une rude

» franchise; vous me prenez pour un ingrat.

» — Et ne le niez point, car j'en suis sur!

» J'ai lu dans vos regards, Madeleine, j'ai

» deviné vos plus secrètes pensées...

» Ah! je suis bien loin de vous en faire

» un reproche !

» Je m'en serais affligé profondément,

» je regretterais mon modeste emploi et

» ma médiocrité voisine de la misère, je

» maudirais mon opulence de fraîche date,
» et je voudrais y renoncer pour jamais,
» si pénétrant en même temps tous les
» motifs délicats de votre réserve , je n'en
» étais ravi d'admiration, touché jusqu'aux
» larmes.

» Ces larmes ne sont plus amères comme
» celles que vous essuyiez autrefois, quand
» vous eûtes pitié de mon désespoir; ces
» larmes tombent goutte à goutte sur mon
» cœur et le rafraîchissent : ainsi votre
» tendresse dévouée le rafraîchissait lors-
» que je pleurais sur Mathilde à jamais
» perdue pour mon amour.

» Grâce à vous, la blessure saignante se
» ferma tout doucement, vos paroles opé-
» rèrent le miracle, vos soins affectueux
» m'arrachèrent à la douleur qui me dé-
» vorait, ils me sauvèrent de moi-même,

» Je ne voulais plus aimer; voûs-même,
» Madeleine, vous ne vouliez plus être ai-
» mée; mais il y a deux ans que nous nous
» aimons loin des regards jaloux, deux ans
» dont vous avez su faire un siècle de dé-
» lices.

» Et pourtant, vous semblez me fuir!

» La première, vous m'avez conseillé de
» prendre un vaste et riche appartement au
» lieu de l'humble réduit que j'habitais
» dans la même maison que vous; j'ai obéi.

» Mais vous, à peine avez-vous mis le pied
» dans ces grands salons, tristes et glacés au
» prix de ma pauvre petite chambre située
» si près de la vôtre. Vous vous éloignez,
» vous m'évitez, vous voulez que je sois
» libre de vous abandonner, Madeleine, de
» vous trahir, libre d'être *ingrat* tout à
» mon aise.

» Vous voyez bien, n'est-ce pas, que je
» vous ai comprise?

» Votre fière susceptibilité m'a ému;
» vous voulez vous sacrifier à mon avenir,
» à ce que vous appelez peut-être mon bon-
» heur, comme si vous deviez parler la
» langue du monde, et comme si je pouvais
» être heureux loin de vous ou sans
» vous!...

» Voilà, ma chère Madeleine, pourquoi je
» verse de douces larmes. Depuis quelques
» mois, je les savoure tout seul avec l'é-
» goïsme du bonheur; mais il est temps
» que je les répande devant vous, ma géné-
» reuse amie, et que je vous les offre avec
» mon cœur tout entier, avec ma main,
» mon nom et ma fortune.

» J'ai attendu jusqu'à ce jour, Madeleine,
» pour vous prouver que ma résolution

» n'est point prise sans mûres réflexions,

» à la légère, par un élan de reconnais-

» sance, par quelque bon premier mouve-

» ment dont la mauvaise nature pourrait

» se repentir; — j'ai attendu encore, par

» un caprice puéril peut-être, mais je vou-

» lais avoir rassemblé les feuillets de cet

» album que je vous offre, en vous sup-

» pliant de les lire de la première à la der-

» nière page, avant même de répondre à

» votre ami, madame, à votre fiancé, à votre

» époux.

                    » AMÉDÉE DE MARLY. »

L'Album.

Madeleine lut et relut trois fois cette lettre avant de se jeter à genoux en pleurant de joie:

— Lui, consentir à m'épouser, moi, Madeleine!... lui que je m'attendais chaque

jour à perdre ! lui qui connaît tous les secrets de ma vie passée!...

Amédée savait en effet jusque dans ses
moindres détails toute la misérable histoire
de Madeleine, sauf quelques noms propres
qu'il avait toujours évité d'apprendre.

Fille d'un pauvre expéditionnaire, nommé Desfossés, Madeleine, à l'âge de quinze
ans, avait été mariée à M. Vanneau, riche
vieillard fort amoureux d'elle, mais qui la
laissa veuve trois ans après sans rien lui
assurer par testament. Elle fut brutalement
dépouillée par des héritiers d'autant plus
durs en cette occasion qu'ils s'étaient crus
dépouillés eux-mêmes.

« Malheur, je te salue, mais arrive seul! »
dit le Sage.

Le malheur de Madeleine, jeune, belle,
inexpérimentée, habituée déjà au bien-être,

un peu légère, mais encore irréprochable, devait être suivi de nombreux malheurs. Le père Desfossés, étant tombé malade, perdit sa petite place. Pour subvenir aux frais de sa longue maladie, Madeleine dépensa d'abord ses épargnes, elle vendit ensuite ses bijoux, puis ses meubles, puis la meilleure partie de ses vêtements. Ses dernières ressources furent épuisées d'un coup par les frais d'enterrement du vieillard, qui mourut après avoir été soigné avec un dévouement filial digne des plus grands éloges.

La jeune veuve Vanneau fut dès le lendemain aux prises avec les plus pressantes nécessités de la vie, en face d'un logement garni à payer et de plusieurs autres dettes non moins criardes.

— Que faire? que devenir? comment vivre? où trouver crédit?

Les femmes du monde ne sont jamais embarrassées pour répondre à ces terribles questions. Écoutez-les, chaudement assises dans de moëlleuses bergères, les pieds sur des coussins charmants, l'éventail ou l'écran à la main, devisant à leur aise après un dîner délicat et faisant par manière de passe-temps la supposition qu'elles sont, du soir au matin, réduites à une détresse semblable. Cette conversation, nous qui écrivons ce livre, nous l'avons entendue cent fois.

— Moi, dit l'une, je me ferais lingère.

— Moi, s'écrie l'autre, modiste.

— Moi, je confectionnerais des fleurs artificielles.

— Moi, je préférerais être marchande;

j'ai l'éloquence du comptoir, je vendrais à merveille. Vous rappelez-vous, mesdames, quelle belle vente je fis, l'autre hiver, au bazar des pauvres?.... On peut toujours se placer demoiselle de magasin.

— Moi, je donnerais des leçons, j'ai la vocation d'institutrice.

— Moi, je m'adresserais à mes amis pour obtenir un emploi du gouvernement, un bureau de tabac, de timbre ou de poste, et, à défaut de cela, j'entrerais comme demoiselle de compagnie dans une famille honnête.

— Moi, je me ferais religieuse hospitalière.

— Pardonnez, mesdames, pour entrer au couvent, serait-ce comme novice hospitalière, il faut une dot, c'est-à-dire de l'argent. — Pour obtenir une place, même avec le concours de ses amis, il faut avoir le temps d'attendre, c'est-à-dire encore de l'argent; et a-t-on des amis? et ces amis sont-ils en position de réussir? et enfin réussiront-ils? — Pour donner des leçons, il faut du talent et des écolières: le talent, je vous l'accorde, je vous le reconnais, madame, mais les écolières, où prendrez-vous la première, je vous prie? — Quant à être marchande, il faut des capitaux, rayons ce métier-là, s'il vous plaît. Quoi que vous en pensiez, madame, l'on ne trouve pas toujours à point nommé une place de demoiselle de magasin ou de compagnie; enfin, même pour être fleuriste, modiste, lingère, ou en résumé pour se procurer du travail lucratif, cela sans apprentissage, sans relations établies, quand on n'est pas née dans la classe ouvrière, il faut toujours, et avant

tout, du temps, du temps, du temps, c'est-
à-dire de l'argent et encore de l'argent.

— Ah! vous êtes d'un positivisme affli-
geant, mon bon ami, ou plutôt vous vous
complaisez à nous contredire; laissez-donc.
On fait un métier quelconque, on travaille,
on cherche de l'ouvrage, et l'on en
trouve......

— L'on cherche, oui sans doute. — C'est
aussi là ce que fit la jeune veuve Vanneau,
qui n'avait ni père, ni mère, ni parents, ni
protecteurs, ni asile assuré, mais, dix-huit ans,
deux grands yeux noirs, la taille bien prise,
une physionomie agréable, un petit ton charmant, de jolies dents blanches sous des lèvres roses et merveilleusement modelées, un
cœur confiant et l'esprit crédule de son âge.

Elle causait bien, mais lentement; elle
brodait à merveille, mais la broderie n'est

pas un gagne-pain; cependant, résolue à tout entreprendre, elle se présenta dans plusieurs ateliers en divers genres. Ici, l'on devait faire un surnumérariat gratuit d'apprentie; là, on n'avait déjà que trop de monde; ailleurs, sa mise parut ridicule, on n'avait que faire d'une jeune dame en chapeau. — Non! non! l'on ne trouve pas, comme l'on voudrait, du travail immédiatement lucratif. Et puis, les courses sans fin que nécessite la recherche d'un moyen de gagner sa vie ne sont jamais sans dangers pour une jeune et jolie personne qui met forcément le premier venu dans la confidence de ses embarras.

Dirons-nous maintenant comment Madeleine fut rencontrée, remarquée, suivie et accostée par un élégant jeune homme qui lui fit aussitôt toutes ses offres de service et comment elle ajouta foi pleine et entière à ce qu'il lui débita.

« Il s'appelait *Lechevalier*, il était indus-
» triel en province, il se trouvait à Paris à
» la recherche d'employés des deux sexes
» pour un établissement qu'il comptait
» monter. Il offrait à madame Vanneau
» une place de deux mille francs. On vien-
» drait en causer le lendemain à l'hôtel
» garni qu'il habitait en sa qualité d'é-
» tranger.

» Le lendemain, il sut écouter avec bonté
» le récit plus détaillé que Madeleine lui
» fit de ses infortunes; il proposa une
» avance d'appointements, avance qui fut
» acceptée avec des transports de grati-
» tude.

» M. *Lechevalier*, prolongeant son séjour
» à Paris pour raisons d'affaires, reçut de

» fréquentes visites de son intéressante sol-

» liciteuse. M. *Lechevalier*, déjà fort galant

» et très généreux, finit par parler ma-

» riage :

» — Madame, dit-il, je vois maintenant

» que vous êtes bien la femme que je cher-

» che. Entre nous, il me fallait pour diriger

» ma maison une personne de tête, je ne

» trouvais point dans mon voisinage, je suis

» venu à Paris, et j'ai bien fait !.... Vous

» me convenez sous tous les rapports, Ma-

» deleine, et de plus je vous aime à la

» folie !... Oh ! je ne ferai pas comme feu

» M. Vanneau, moi ; je vous reconnaîtrai,

» par contrat de mariage, six mille livres

» de revenus..... Et, pour vous prouver la

» sincérité de mes propositions, je vous sup-

» plie d'accepter ce modeste présent. »

Le présent consistait en un écrin de grand prix.

Madeleine, à la prière de son futur mari, quitta le jour même la triste chambre meublée qu'elle occupait rue du Foin-Saint-Jacques et s'établit, en attendant le départ pour la province, dans l'hôtel de M. *Leché-valier* qui désormais faisait tous les frais de ses dépenses.

Enfin vint le jour du départ qui eut lieu en chaise de poste. Un jeune garçon en li-vrée, nommé Médard, accompagnait M. *Le-chevalier*.

Chaque soir on s'arrêtait à l'auberge.

Madeleine, déjà fort étonnée de la longueur du voyage, fut très surprise un jour de ne plus entendre parler français. Ce jour là, il y eut entre elle et son séducteur une querelle violente:

— Vous m'avez trompée!... Je suis dans un piége!... Vous n'êtes pas industriel, nous n'allons pas aux environs de Toulouse.... Vous ne comptez pas m'épouser!... Et je vous aimais!..... Qui êtes-vous? parlez !

— Ma chère Madeleine, vous prenez les choses au tragique, répondit M. *Lechevalier* en mettant son chapeau; je le craignais, mais je vous adore toujours!...

— Oh! le monstre!... l'infâme!... s'écriait Madeleine en pleurant.

— Je déteste les scènes, ma toute belle. Médard a mes instructions, il vous répondra et me transmettra vos ordres.... J'ai l'honneur de vous baiser les mains.

M. *Lechevalier* sortit.

Médard fit à ravir la commission de son maître. — D'une part, il montra en perspective le délicieux voyage d'Italie en compagnie de M. le chevalier de la Gisaie, de l'autre le renvoi immédiat à Paris par la diligence. Médard fut très persuasif, et Madeleine, dont le premier mari n'était qu'un vieillard fort désagréable, aimait véritablement le perfide chevalier.

Depuis un mois déjà, elle recevait de lui de fort étranges leçons de morale qu'elle acceptait sans défiance; enfin « le mal était fait » ainsi que disait Médard, valet supérieurement stylé par M. le chevalier en personne.

Et voilà comment il arriva qu'au retour d'Italie, la jeune veuve Vanneau fit, au bras de M. le chevalier de la Gisaie, son entrée dans un monde où nous n'introduirons pas notre lecteur. Déclarons seulement que, malgré tous les efforts du chevalier, pour pervertir en elle le sens moral, il n'y était pas encore parvenu. Le contact de ce monde la blessa, elle voulut s'en arracher, mais M. le chevalier de la Gisaie n'y consentit point.

Un an s'écoula ainsi; puis enfin la liaison du chevalier avec Madeleine se termina, comme elle avait commencé, par une trahison.

La jeune femme alors aurait donc pu se retirer du milieu où il l'avait lancée; pourquoi y demeura-t-elle?

Demandez au physicien ce que c'est que la gravitation; demandez au charretier ce que c'est qu'une fondrière; demandez au moraliste quelle est la puissance des relations établies, bonnes ou mauvaises; demandez enfin au confesseur ce qu'il y a de plus difficile à vaincre en soi, et le confesseur vous répondra : — c'est l'habitude,

Or le chevalier de la Gisaie avait créé des relations et donné des habitudes à Madeleine; l'exemple, la contagion, le besoin d'échapper à ses ennuis secrets, firent que tout en voulant rompre avec sa vie de folles dissipations, avec ses amitiés indignes, elle n'en eut plus la force.

Il fallut, pour qu'elle disparût d'une sphère où fort heureusement l'on est très vite oubliée, un hasard qu'on pourrait appeler un malheur, c'est-à-dire la jalousie farouche du dernier maître qu'elle accepta. Il la tint séquestrée durant deux années entières mais ensuite il se maria et lui rendit sa liberté en lui assurant un revenu viager qui la mettait à l'abri du besoin.

Madeleine avait alors vingt-trois ans; l'expérience l'avait mûrie; elle continua par goût à vivre dans la solitude.

L'on peut affirmer qu'elle se conduisait exemplairement à l'époque où Amédée de Marly loua le petit logement contigu au sien.

Pendant un an et plus, ils ne s'adressèrent pas une parole.

Amédée, sans même la regarder, la saluait en passant; elle rendait modestement le salut, et cela eût toujours ainsi continué, si un soir, en ouvrant sa porte, le jeune homme, qui rentrait chez lui bouleversé, ne fût tombé complètement évanoui. — Ce soir-là, on le devine, est celui où madame la marquise d'Arvelles lui fit un si judicieux discours sur l'inégalité des fortunes et les difficultés qu'ont les malheureuses mères de grandes familles à bien marier leurs enfants. — Amédée s'était trop longtemps contenu; il revenait dévorant ses larmes; il

perdit connaissance avant d'avoir pu se ren-
fermer dans sa pauvre petite chambre.

Par bonté d'âme, Madeleine accourut au
secours de son jeune voisin.

On sait déjà le reste; l'on sait par conséquent aussi que Madeleine Vanneau a vingt-
cinq ans accomplis au moment où elle re-
çoit la lettre et l'album d'Amédée.

— Quoi!.. il m'épouserait, lui!... s'écriait-
elle encore; il me réhabiliterait à mes propres yeux!... Lorsqu'il était pauvre et que
je m'ingéniais à lui venir en aide à son insu
par mille petites ruses, je n'osais pas même
songer à espérer un tel bonheur... et maintenant, ô mon Dieu!... c'est lui, lui qui me
l'offre, après y avoir longtemps réfléchi...
lui qui sait comment j'ai été séduite, comment j'ai vécu plus tard en m'étourdissant
par l'enivrement du plaisir, et comment

enfin c'est par hasard seulement, — non
par volonté, non par vertu, — que je suis
sortie du gouffre où m'avait précipitée un
lâche dont il ignore le nom!... Il m'épouserait, malgré tout cela, lui!... Serait-ce
un rêve?... ai-je bien lu?... ai-je bien compris son étrange lettre qui commence,
comme une lettre de rupture, par des reproches de froideur!...

Madeleine ouvrit ensuite l'album, et son
émotion changea de nature.

La première page était une invitation de
bal de la part de madame de Valvert; —
au-dessous, Amédée avait écrit :

« Trois filles à marier, savoir : — Eu-
» phrasie, vingt-cinq ans, très jolie blonde,
» soixante mille francs, sera avantagée par
» son oncle le commandeur; Sophie, dix-
» neuf ans, brune piquante, soixante mille

» francs, est la favorite de sa grand'mère,
» madame la duchesse de Traymontpré;
» Lucile, seize ans et la beauté du diable,
» cinquante mille francs, tout juste, mais
» on la marierait à la rigueur pour dégui-
» gnonner la famille. »

La seconde lettre, manuscrite et pleine
de rondeur, était une invitation à dîner
adressée par le général de Roqueville à son
jeune ami Amédée de Marly, qui en fit la
traduction suivante :

« M. le général, désirant placer avanta-
» geusement mademoiselle Aglaé, sa fille
» unique, vingt-trois ans, excellente mu-
» sicienne, profil grec, teint charmant,
» donnerait jusqu'à cent mille francs sans
» se faire trop tirer l'oreille. »

Passons vingt feuillets, que ne passa
point Madeleine Vanneau et où elle remar-

qua, non sans attendrissement, des noms illustres, des chiffres formidables, des énumérations de qualités précieuses, des éloges sincères donnés à de nobles jeunes filles, et jusqu'à des regrets sur la prolongation vraisemblable du célibat des plus intéressantes d'entre elles.

La vingt et unième page était un autographe, chef-d'œuvre de style mélodieux, idylle fleurie, qui faisait le plus grand honneur à la poétique épistolaire de mademoiselle de Belandrague l'aînée, laquelle, au nom de ses sœurs et au sien, invitait M. Amédée de Marly à un concert en petit comité.

« Mesdemoiselles de Belandrague, disait
» le commentaire de rigueur, sont d'excel-
» lentes âmes qui veulent éviter à autrui
» les maux dont elles ont tant souffert; il

» se manipule chez elles plus de vingt ma-
» riages par saison.

» Toutes leurs grandes ou petites nièces,
» leurs amies et les amies de leurs amies,
» devant être du concert *en petit comité*,
» j'ai eu grand peine à me procurer des in-
» formations suffisantes. — Mais « je suis
» très *chevaleresque*, » dit-on chez mesde-
» moiselles de Belandrague ; aussi, maigres
» dots et physiques affreux, seront-ils ex-
» hibés en faveur de mon *héroïsme*.

» Pélagie de la Hautefeuillée, quarante
» mille francs. — Ernestine des Landorres,
» trente mille francs. — Louise Médony,
» très belle et sans dot. — Élisabeth ***, fort
» agréable, orpheline, excellente, mais sans
» dot. — Gertrude ***, laide et maussade
» quoique sans dot. — Victorine des Pars,
» sans yeux visibles, bouche effroyable,

» deux cent mille francs comptant, des es-
» pérances proportionnées, des parents af-
» freux sous les plus riches costumes. —
» Marcelle d'Ambrezil, 15 ans, très pré-
» coce: on brûle de la marier, mais ses pau-
» vres vingt mille francs n'aplanissent
» guère une difficulté qui risque d'aller
» croissant, c'est pourquoi l'on s'y prend de
» bonne heure. Hélène, Thérèse, Aspasie,
» Eulalie, Rosine, Constance, hélas! six
» fois hélas!... je m'y perds!... »

Amédée de Marly paraîtra sans contredit
fort impertinent, et d'autant plus impertinent que tout en prenant les renseignements nécessaires à tant d'annotations, il
ne se rendit aux invitations de personne;
— mais il envoya des cartes.

On sut cependant, à n'en pas douter,
qu'il se donnait beaucoup de mouvement;

il s'informait avec un soin minutieux des attraits et des dots, des talents, des vertus, des alliances et parentés, des qualités bonnes ou mauvaises de toutes les jeunes personnes du grand monde ; — les invitations pleuvaient toujours. Quelques-unes furent faites en récidive ; mesdemoiselles de Belandrague, tantes acharnées, poussèrent, jusqu'à la quatrième édition, leur persévérance exemplaire.

L'album avait cent-vingt pages, non compris les doubles emplois.

Mais aussi Amédée de Marly était-il un parti fort rare. Vouloir évidemment se marier comme le prouvaient ses démarches, et réunir à cinq cent mille francs un physique agréable, une excellente réputation, une renommée d'esprit, de bon goût et de cœur, c'est, à vingt-sept ans, être un phénix.

Les oisifs avaient bâti un délicieux petit roman sur une vieille histoire qui transpira, Dieu sait comme.

Le refus de la marquise d'Arvelles, l'amour malheureux du jeune homme pour Mathilde, et son désespoir, cause unique pour laquelle, depuis près de trois ans, il s'était retiré du monde où il allait reparaître plus brillant que jamais, — tel fut le thême que d'ingénieux esprits surent embellir.

Or ce fut au moment même où Amédée de Marly était le point de mire de tant de mères de famille, de pères, d'oncles, de tuteurs et de vieilles tantes, — ce fut en ce moment qu'il épousa....: qui?.... Une Madeleine Vannean!

— Qu'était-ce donc que cette femme ? — On voulut le savoir ; — on le sut.

M. le chevalier de la Gisaie, par exemple, se trouvait parfaitement en mesure de renseigner la jeune comtesse, sa belle-sœur ; il passa bien certain épisode sous silence, mais par compensation il se rabattit sur ses suites immédiates que nous avons, nous, laissées dans la pénombre.

La comtesse de la Gisaie, née Mathilde d'Arvelles, rougit, soupira et plaignit le malheureux Amédée encore plus qu'elle ne le blâmait, car elle était bien obligée, comme chrétienne, de s'avouer qu'il ramenait au bercail une brebis égarée ; mais elle était en même temps femme du monde, et il est une pitié mondaine pire que le blâme sévère, tant elle ressemble au mépris.

Amédée avait tenu son serment. Il trai-

tait la fortune comme elle l'avait traité;
de plus, il acquittait une dette de reconnaissance, comblait tous les vœux d'une femme
qui l'avait aimé pour lui-même et satisfai-
sait d'un seul coup toutes ses passions
bonnes ou méchantes.

Amédée de Marly n'est pas notre héros,
comme on va bientôt s'en apercevoir; le
serait-il nous n'aurions pas le dessein de
lui donner raison envers et contre tous.
Nous ne le défendons pas; nous racontons
simplement et sincèrement. Qu'on le juge !

Il y eut assurément dans sa conduite une
grosse part de fiel et de colère contre le
monde qui lui avait fait subir le supplice de
Tantale. On lui avait permis d'admirer la
fleur, de contempler le fruit, de désirer le
breuvage, d'adorer la jeune fille, mais
après l'avoir tenté, à l'âge des illusions et

des passions brûlantes, on s'était fait un jeu
de ses souffrances, de sa faim, de sa soif, de
son amour.

Son album est l'œuvre d'un cœur ulcéré
qui se venge et devient injuste.

Madeleine Vanneau, tout entière à son
bonheur, le lui fit sentir :

— Je n'avais pas besoin de cela, lui dit-
elle, pour comprendre toute la grandeur du
sacrifice que vous faites en me donnant
votre nom, mon noble Amédée. Je n'avais
pas besoin de cela pour savoir que toutes
les mères seraient désormais heureuses et
fières de vous confier l'avenir de leurs filles.
Et la main sur la conscience, moi, la préfé-
rée, moi à qui vous ouvrez les portes du
ciel, je ne puis critiquer la conduite de ces
pauvres mères !...

— Madeleine, elles me dédaignaient quand j'étais sans fortune....

— Amédée, vous citez ironiquement sur votre album plus de vingt jeunes filles sans dot, non moins à plaindre que vous ne le fûtes jamais.... Leurs mères font leur devoir en essayant de les marier avantageusement....

— Soit, interrompit Amédée, mais madame la marquise d'Arvelles...

— Elle n'a jamais su ce qu'elle vous faisait souffrir !... Le monde n'a la science complète ni du bien, ni du mal ; et comme il ne connaît pas la misère, on ne peut lui faire un crime d'ignorer jusqu'où doit aller l'indulgence.

— Madeleine, vous avez trop de bonté pour ces gens-là !...

— Vous me rendez si heureuse aujourd'hui, mon généreux Amédée, qu'il n'y a place dans mon cœur que pour une reconnaissance et une joie sans bornes...

Amédée voulait un éclat; il prétendait envoyer dans tout Paris des lettres d'invitation à son mariage; Madeleine le supplia de s'en abstenir, de conclure incognito, d'éviter le bruit, de ne braver personne. Il eut le bon goût de céder.

Son mariage cependant fit scandale.

III

Vengeances.

Le mariage d'Amédée de Marly fit un scandale mémorable parce qu'il avait, de lui-même, mis en éveil la curiosité générale.

Seul contre tous, l'imprudent avait pré-

tendu se faire justice par ses propres forces.
Après avoir donné des illusions à cent familles avides de posséder un tel gendre,
il se plut à tromper leurs espérances. Il
rendit au monde le supplice de Tantale, il
appliqua la loi du talion.

Le monde prit sa revanche. La malignité
publique surenchérit. — Que dit-on et que
ne dit-on pas de Madeleine Vanneau ? — Où
la médisance était, hélas ! trop suffisante,
la calomnie joua son rôle.

Les pères de famille, les oncles et jusqu'aux vieux garçons, censeurs sévères des
fautes d'autrui, étaient indignés. — Il est
certain, en effet, qu'Amédée de Marly donnait un déplorable exemple ; car, en morale mondaine, mieux valent vingt liaisons
irrégulières, dont on ne parle pas, qu'un
seul mariage mettant un terme régulier à

une liaison, dont on parle aussitôt, bien haut, très haut, sans déguiser le mal, en l'augmentant au contraire.

Quelque voix charitable, quelque âme chrétienne osa-t-elle plaider pour Amédée et Madeleine?

Dans ce monde que M. de Marly avait fréquenté assidûement et où son retour était naguère si impatiemment attendu, y eut-il un ami assez dévoué pour tâcher de justifier sa conduite?

En vérité, M. Horace de Beauregard, dont l'esprit paradoxal obtenait alors des succès nombreux, rompit une lance en faveur de Madeleine Vanneau. Il parla de sainte Madeleine sa patronne, de la femme adultère et des pécheresses de tous les temps : il cita le Koran après l'Évangile, Jean-Jacques après Bourdaloue. M. Horace de Beauregard était un dandy bien profond et un mauvais sujet fort bon prédicateur!

Messieurs de Valvert énumérèrent spirituellement les douze circonstances atténuantes du mariage d'Amédée de Marly : — « C'était pour rendre moins lourdes les chaînes de l'hymen, qu'il avait choisi une femme légère; — c'était pour ne point faire de jalouses entre les jeunes personnes comme il faut, qu'il prenait une femme comme il ne faut pas. »

Les lazzi à deux tranchants furent sans fin. L'on colporta plusieurs boutades martiales du général de Roqueville; — les lamentations aigres-douces de mesdemoiselles de Belandrague méritent aussi une mention honorable.

Il se trouva pourtant un homme de cœur qui, dans le salon même de la marquise d'Arvelles, en présence de la comtesse Mathilde, prit hautement la défense d'Amédée de Marly. Celui-là était l'ami intime et le frère d'armes du comte de la Gisaie, un gentilhomme sans peur et sans reproches, M. le vicomte de Lormel :

— L'on blâme ici fort sévèrement, dit-il, M. de Marly que je n'ai pas l'honneur de connaître ; mais j'estime, moi, sans me rendre bien compte de ses motifs déterminants, qu'il a fait acte de courage.

— Oh ! oh ! que nous dites-vous là !...

— L'intérêt ne peut avoir été le mobile de M. de Marly. Je n'admets pas, non plus, qu'à son âge on cède par faiblesse à l'ascendant d'une femme astucieuse : à vingt-sept ou vingt-huit ans, l'on n'est plus assez jeune, l'on n'est pas encore assez vieux.

— A tout âge on fait des folies! objecta le chevalier de la Gisaie.

— Sans doute; mais en outre M. de Marly a vu la vie sous ses deux faces; il a été pauvre et il est riche, il a fréquenté le grand monde, il a souffert la gêne; expérience vaut sagesse.

— Cependant, monsieur le vicomte, dit Mathilde elle-même, son mariage actuel n'est rien moins que sage.

— Qui peut le savoir, madame la comtesse? Dans cette maison où vous avez intimement reçu M. de Marly, chacun faisait son éloge, il n'y a pas encore huit jours, et je n'ai point oublié ce que madame votre mère nous racontait de son caractère chevaleresque.

— Je ne me rétracte point, dit la marquise d'Arvelles, mais que peut avoir de chevaleresque un mariage tel que le sien ?...

— En définitive, ajouta le comte de la Gisaie, M. de Marly brave le plus respectable des préjugés.

— Je ne veux point, mon cher ami, hasarder d'inutiles suppositions et réfuter par quelque roman des opinions qui, au fond, sont les miennes. Je dirai seulement, en thèse générale, qu'il n'est guère de préjugés, même parmi les plus respectables, dont les conséquences extrêmes ne soient odieuses. Les braver systématiquement est une folie coupable ; leur obéir toujours en aveugle est une faiblesse plus coupable encore. Par amour pour la société, nous devons fréquemment défendre et maintenir les préjugés qui en sont les instincts conservateurs ; par respect pour nous-même, nous devons, parfois, avoir l'énergie de les fouler aux pieds. Ces deux devoirs opposés se présentent alternativement dans la vie de tout homme de bien. Je me plais donc à penser que M. de Marly, se trouvant dans une semblable alternative, accomplit par son mariage un grand et difficile devoir dont aucun de nous n'a le secret.

— Bah ! bah ! fit le chevalier de la Gisaie en ricanant, notre excellent Lormel philosophe à ravir. Tout le secret est dans les beaux yeux et la langue dorée de Madeleine Vanneau.

Quant au comte de la Gisaie, esprit droit et cœur honnête, il venait d'être ébranlé par les arguments de son ami le vicomte de Lormel. Aussi, durant le reste de la conversation, garda-t-il la plus silencieuse neutralité.

Le chevalier au contraire s'en donnait à

cœur joie; on le comprend. Il refaisait à sa manière la biographie de Madeleine, en passant, bien entendu, l'histoire de M. *Leche-valier*, l'industriel, et le cruel voyage d'Italie. Les jeunes femmes étaient obligées d'avoir recours à leurs éventails; les douairières, en commençant par la marquise d'Arvelles, ne savaient plus de termes assez méprisants pour stigmatiser l'alliance de M. de Marly avec une telle aventurière.

De guerre lasse, le vicomte de Lormel dut renoncer à une discussion inutile, mais, prenant à part le comte de la Gisaie :

— Mon ami, lui dit-il, ce qui me scandalise, moi, c'est ce langage passionné, cette fureur vraisemblablement injuste, ce manque absolu de charité dans une société qui se dit chrétienne!... Ah! Dieu nous préserve d'avoir jamais dans nos propres familles quelque Madeleine Vanneau !....

— Dans nos propre familles ! murmura le comte de la Gisaie, que prétends-tu dire ? explique-toi !...

— Tu es marié, je vais l'être ; tu es déjà père, je le deviendrai sans doute. Eh bien ! suppose que, par un concours de fatalités, ta fille ou la mienne fût tombée aussi bas ou plus bas que cette pauvre femme, quelle ne serait point notre joie à nous, pères désolés, si un galant homme faisant comme Amédée de Marly, réhabilitait l'enfant égarée en lui donnant courageusement sa main et son nom !...

— Lormel !... s'écria la Gisaie, si tu avais eu un tel malheur, je voudrais, moi, que mon propre fils, que Justin fût le sauveur de ta fille !...

— Et voilà justement ce que je me disais tout à l'heure, en me supposant un fils qui s'appellerait Georges, selon l'usage de la famille de Lormel!... Je voudrais que Georges fût, quand même, l'époux de ta fille mademoiselle de la Gisaie.

Le vicomte de Lormel serrait entre ses mains la main de son compagnon d'armes. Ils étaient vivement émus tous les deux. Mathilde, la jeune comtesse, s'étant approchée, surprit la fin cette conversation fraternelle, mais n'en saisit pas le sens.

— Messieurs, dit-elle, je m'associe de grand cœur à vos vœux. Je voudrais bien, moi aussi, que nos deux familles n'en fissent qu'une, un jour venant.

Le vicomte de Lormel se maria quelque temps après avec la plus intime des amies de la comtesse Mathilde. Et bientôt les deux jeunes femmes, croyant continuer les rêves de leurs maris, fiancèrent, en leurs causeries expansives, des enfants à peine nés ou encore à naître.

Alors M. et madame de Marly vivaient retirés du monde ; la rumeur s'était apaisée à Paris, on ne prononçait plus leurs noms.

Le temps avait fait ce que n'avaient pu faire la raison, la saine philosophie, ni la religion de l'Évangile : tant est forte la puissance des préjugés.

Le temps seul est plus fort qu'elle.

Mais encore faut-il de longues années pour qu'il triomphe absolument, à la faveur de l'indifférence ou de l'oubli. Hélas ! il n'y avait encore que dix-huit mois du scandaleux mariage d'Amédée, lorsque la comtesse Mathilde, à la suite d'une dangereuse maladie, fut envoyée aux eaux.

Retenu à Paris pour des affaires très graves, le comte de la Gisaie ne put accompagner sa femme, convalescente du reste, et dont l'état n'inspirait plus d'inquiétudes.

Son frère le chevalier le suppléa de la meilleure grâce du monde, et même, insistons sur ce point, avec un empressement fort remarquable.

On aurait tort de croire néanmoins, bien que sans invraisemblance on puisse le supposer, que les attraits de Mathilde lui eussent inspiré quelque funeste passion. Non, la comtesse, trop sévère et trop pieuse, était sans charmes à ses yeux ; mais, — disons tout, — elle avait une petite femme de chambre nommée Victoire, dont le minois piquant, la physionomie spirituelle et la gracieuse tournure, faisaient oublier à

M. le chevalier toutes les beautés en vogue dans les coulisses de l'Opéra ou autres lieux.

Depuis un an passé, par les soins du chevalier lui-même, Victoire était mariée à Médard, qui, digne valet d'un maître inconstant, négligea bientôt sa jeune femme.

Les choses en étaient là, tout justement, quand le chevalier et la comtesse, accompagnés par Médard et Victoire, re rendirent aux eaux. Médard y fit des conquêtes, Victoire en fut outrée; M. le chevalier n'attendait rien de mieux et sut apaiser son légitime courroux. Ces banales intrigues auraient été sans conséquences, si tout à coup le chevalier n'eût appris l'arrivée aux eaux de M. et de madame de Marly.

Il en fut doublement contrarié : Madeleine Vanneau avait été sa victime, Amédée avait aimé Mathilde. — Tout autre aurait eu le bon goût de garder le silence ; M. le chevalier qui posait en héros de la mode n'en usa point ainsi. Il eut soin de rappeler aux uns, d'apprendre aux autres, tout ce qui, dix-huit mois auparavant, avait tant occupé les salons parisiens.

Il y avait grand bal ce soir-là. Madeleine ne voulait point y paraître ; Amédée insista ; elle eut le malheur de céder pour lui complaire.

Lorsqu'ils entrèrent ensemble, des chuchottements étranges, de blessants murmures parcoururent les banquettes.

Amédée pâlit ; Madeleine rougissait :

—Mon ami, dit-elle d'une voix étouffée, retirons-nous, je vous en conjure.

M. de Marly, frémissant de colère, n'entendait autre chose que le nom de Madeleine

Vanneau qui bourdonnait à ses oreilles. Il aperçut au même instant le brillant chevalier de la Gisaie parlant tout bas à la comtesse Mathilde.

D'un pas rapide et la tête haute, il se dirige de leur côté, contraint sa femme à prendre une place restée vacante à la gauche de Mathilde et salue profondément.

La comtesse se leva sans rendre le salut.

En même temps, comme si l'on se fût donné le mot, toutes les dames se levèrent; la plupart passèrent dans le salon voisin; madame de Marly, toute seule, demeurait assise. Elle n'avait plus la force de se lever, la pauvre femme!

On la fuyait comme une pestiférée, elle qui était désormais le modèle des épouses dévouées et soumises, elle qui rachetait ses

erreurs en ne cessant de répandre les con-
solations et les bienfaits, elle qui faisait à
son mari une vie heureuse et paisible, elle
qui sans relâche prodiguait en tous lieux
ses soins charitables.

Depuis l'époque de son mariage, Madeleine avait transporté sa rente viagère à des
malheureux dignes d'intérêt; puis, par un
accord tacite avec son mari, des sommes
égales à celles qu'elle avait dûes à des rela-
lations dont ils ne parlaient jamais, furent
reparties en œuvres généreuses laborieuse-
ment choisies. Madeleine avait le discerne-
ment qui manque à la plupart des dames de
charité; car elle possédait la science, chère-
ment achetée, du bien et du mal. « Elle connaissait la misère, et n'ignorait point jusqu'où doit aller l'indulgence. »

Nous venons de répéter ici ses propres paroles.

Elle consacrait surtout ses dons à régulariser des unions entre pauvres jeunes gens de la classe inférieure, et l'on comprendra bien pourquoi jamais un mot regrettable n'accompagna ses bienfaits. Elle dotait surtout des jeunes filles; puis, comme le plus précieux des trésors, elle rapportait à son mari les bénédictions de leurs mères.

Quel est l'homme doué de cœur qui, à la place d'Amédée, n'eût pas aimé Madeleine Vanneau! Quelle est la femme du monde douée de sensibilité, qui, la connaissant bien, ne l'eût admirée et n'eût dû s'énorgueillir d'être son amie!

Mais il y avait là des hommes loyaux, il y avait là des femmes noblement organisées, qui la fuyaient, qui l'outrageaient, qui insultaient jusqu'à son mari!....

Et Mathilde, comtesse de la Gisaie, femme pure et profondément estimable, Mathilde donna l'exemple, quoiqu'elle eût entendu autrefois le vicomte de Lormel plaidant la cause d'Amédée dans le salon de sa mère.

Gardons-nous, malgré cela, de condamner trop sévèrement la jeune comtesse. Sous l'empire du préjugé, elle commit un acte d'impertinence pour ainsi dire instinctive ; elle s'en repentit presque aussitôt, trop tard déjà.

Madeleine était navrée ; son sang reflua de la tête au cœur, vingts coups de poignard ne l'eussent point si cruellement blessée, et pourtant elle ne s'évanouit pas. Elle eut le temps de remarquer le regard de menace, le signe et le sourire sinistres qu'échangèrent le chevalier de la Gisaie et son mari.

Elle passa la nuit en prières et en larmes.

Amédée la passa dans son cabinet à
écrire ses dispositions testamentaires et à
régler ses affaires de toute nature.

Au point du jour, ils se rencontrèrent
sur le seuil de leur appartement; Madeleine
ne pleurait plus :

— Vous allez vous battre? murmura-
t-elle.

— C'est une fatale nécessité, dont je te
demande bien pardon, ma chère amie...
Mais.....

— Amédée!... Amédée!.. Si tu ne m'a-
vais épousée, moi, la misérable Madeleine,
ce duel n'aurait pas lieu!... Qu'as-tu fait,
Amédée?... Et pourquoi ai-je consenti à te
laisser épouser ma honte?...

— Madeleine! ne répète pas ces mots. Je n'ai fait qu'une bonne action dans ma vie, et elle a porté sa récompense, car tu m'as comblé de bonheur....

— Le chevalier de la Gisaie!... murmurait Madeleine avec effroi, le chevalier!... encore le chevalier!...

Elle ne complétait point sa pensée de crainte d'augmenter la fureur de son mari.

— Amédée, s'écria-t-elle encore, permets-moi de te suivre.

— Non! c'est impossible!... Adieu!... Avant un quart d'heure, je serai...

— Il sera mort peut-être!... interrompit Madeleine d'une voix déchirante.

Sa femme de chambre la soutint. Amédée l'embrassa sur le front et sortit.

Le chevalier de la Gisaie ayant pour second M. Horace de Beauregard, et suivi de Médard, son valet, était déjà au lieu du rendez-vous, quand y arriva M. de Marly, accompagné seulement de son domestique.

Horace de Beauregard s'approcha.

— Monsieur, lui dit Amédée, je ne suis ici que d'hier, je n'ai ni amis, ni connaissances; mon domestique me suffira comme témoin.

— Très bien, monsieur, mais vos conditions?

— Je me bats à mort, monsieur.

— A mort? fit Horace avec stupeur.

— Voici deux pistolets; qu'un seul soit chargé, nous tirerons à bout portant.

— Mais c'est impossible, monsieur.

— Si M. le chevalier de la Cisaie n'accepte pas ces conditions irrévocables, je le proclame lâche et ne cesserai de l'insulter en public jusqu'à ce qu'il les accepte.

Le chevalier accepta sur-le-champ.

Un seul coup de feu se fit entendre.

Amédée de Marly tomba mortellement frappé.

Il survécut pourtant, un jour entier, à sa terrible blessure. Et d'abord, se voyant mourir, il proféra des paroles de haine contre tous les la Gisaie :

— Ces gens-là, s'écriait-il, méritent comme Cham d'être maudits dans leurs enfants et les enfants de leurs enfants!... Mathilde, Mathilde surtout!...

— Que dirait-il, murmurait Madeleine, s'il savait que son meurtrier fût aussi mon premier corrupteur !...

Néanmoins elle conserva jusqu'à la fin son affreux secret.

Épouse dévouée, elle sut trouver dans son cœur ulcéré des paroles de paix qui calmèrent le mourant ; ne pouvant plus rien pour son corps, elle voulut au moins sauver son âme ; elle déploya une charité sublime tant qu'il respira ; elle le vit mourir, entouré des secours de la religion, pardonnant et bénissant.

Mais, dès qu'elle lui eut fermé les yeux, dès qu'Amédée de Marly ne fut plus qu'un cadavre, le désespoir fit un démon de cette femme.

Un blasphème exécrable sortit de ses lèvres, elle renia Dieu et jura de se venger par le crime, puisqu'elle n'avait pu se réhabiliter par la vertu.

Madeleine Vanneau devint implacable à son tour.

Mathilde alla prier et pleurer sur la tombe d'Amédée de Marly.

Madeleine avait détourné du ciel ses regards irrités ; tous les feux de l'enfer pénétraient son cœur.

Elle préméditait une vengeance inouïe ; elle rêvait un crime sans nom.

Comme une âme damnée, elle cherchait, elle cherchait...

Elle chercha longtemps.

Elle se tenait à prix d'or au courant de ce qui se passait dans la famille de la Gisaie, d'où le chevalier, après son duel, s'exila durant quelques mois.

A son retour, elle manda Médard et lui dit :

— Vous avez été le complice de M. le chevalier pour mon premier enlèvement ; vous avez été l'un des témoins du meurtre de mon mari; vous aimez l'argent et vous devez détester votre maître qui vous a perverti vous, et qui a séduit votre femme...

— Vous savez cela, madame de Marly?...

— Je sais tout ce qu'on fait chez vos maîtres.

— Le chevalier, dit Médard, est un homme que que je hais autant que vous pouvez le haïr...

— Très bien!... nous allons nous entendre!... Non content d'avoir séduit Vicoire, il est cause que madame la comtesse vient de la chasser.

— Ceci, fit Médard, m'est parfaitement égal!...

— Peu importe, vous avez assez d'autres griefs.

— Oui, je lui en veux surtout d'avoir fait de moi un coquin achevé, car, sans ses leçons, je serais peut-être bien un honnête homme. Mais, depuis l'âge de douze ans où je suis entré groom à son service, il m'a prêché d'exemple le libertinage et l'hypo-crisie. Dam ! sans me flatter, j'ai fièrement profité de cette éducation...

— Médard, j'ai vingt-cinq mille livres de rentes, faisons cause commune, tu seras riche.

— Je me mets aux ordres de madame.

— Tout entier?...

— Des pieds à la tête.

— Eh bien ! avant tout, reste au service de M. le chevalier de la Gisaie.

— Facile, madame, car il tient énormé-ment à moi. M. le comte et madame la comtesse qui me détestent, et à qui je rends bien la pareille, n'ont jamais pu obtenir mon renvoi... je suis ancré !...

Madeleine Vanneau ayant donné des arrhes à Médard, lui dit de revenir chez elle chaque jour pour y recevoir ses instructions.

Médard fut exact.

. . . .

En moins de six mois, Madeleine vieillit de dix ans; ce n'était plus une femme, mais une furie; le désespoir et la vengeance l'avaient rendue hideuse à voir. Elle prit bientôt en horreur tout ce qui l'entourait, elle quitta Paris et passa les frontières sans dire où elle allait ni ce qu'elle comptait devenir.

Ensuite, de dix-huit années, la comtesse et le chevalier de la Gisaie n'entendirent plus parler de Madeleine Vanneau.

FIN DU PROLOGUE.

PREMIÈRE PARTIE

I

La famille la Gisaie.

— C'est désespérant, mon bon ami, disait d'un ton léger M. le chevalier de la Gisaie, je ne suis plus au courant de rien, j'ai l'air d'un revenant, parole d'honneur !

— Monsieur le chevalier en a plus que

l'air, s'il m'est permis de parler franchement, répliqua Médard tout en donnant un
coup de fer aux cheveux de son maître.
Naples et Florence, Cadix et Séville, l'Italie,
la Suisse, l'Allemagne ont fait grand tort à
Paris en le privant de votre présence.

— Flatteur!... fit le chevalier de la Gisaie, ci-devant jeune homme, aujourd'hui,
encore vert, toujours gaillard, mais plus
coquet qu'en son printemps, et qui ne
saurait plus se passer du concours de Médard, valét habile à réparer des ans l'irré-
parable outrage.

C'est un soir de carnaval, vers huit heures, dix-huit ou dix-neuf ans après la fin
tragique d'Amédée de Marly, c'est en ache-
vant la troisième ou quatrième toilette de
M. le chevalier, que maître et valet causent

ainsi, tout bonnement, en vieux amis, sans façons.

— Depuis un siècle, ajouta Médard, monsieur n'a point passé huit jours de suite à Paris.

— Tu me dis là une sottise, mon garçon. Je t'y ai envoyé cent fois; tu as fait ici, à vingt reprises différentes, des séjours fort prolongés; je devrais être au courant de tout.

— Oh! qu'à cela ne tienne, monsieur peut m'interroger!

— Eh bien! Médard, l'on me rompt la tête d'une excentrique beauté qui fait fureur, dit-on, dans les bals publics...

— La Polka Vif-Argent, monsieur le chevalier?

— Justement. Renseigne-moi donc de ton mieux sur cette divinité du jour.

— Monsieur le chevalier sera satisfait.

Est-il bien nécessaire de combler ici une lacune, de dix-huit ans dont on a deviné l'emploi ? Faut-il dire qu'après avoir tué en duel l'infortuné Amédée de Marly, le chevalier, à son retour des eaux, fut reçu par le comte de la Gisaie, son frère, avec une froideur qui équivalait à une rupture. La marquise d'Arvelles, la comtesse Mathilde, au repentir de l'affront dont le chevalier l'avait rendue coupable envers Madeleine, M. le vicomte de Lormel et sa femme, amis intimes de la famille, se montrèrent aussi plus que mécontents. Il s'opéra, même dans le grand monde, une certaine réaction. On y dit, lorsqu'il n'était plus temps, beaucoup de bien de M. de Marly ; l'on y plaignit Madeleine, au moment même où ses fureurs vindicatives allaient la rendre indigne de pitié. Chacun, il est vrai, ignorait cette dernière circonstance; — ainsi naguère l'on avait ignoré toutes les généreuses actions de Madeleine Vanneau.

Prendre au rebours les jugements du monde serait plus sage peut-être, mais à coup sûr moins absurde, que de les accepter tels quels. L'homme sensé fera mieux en n'en tenant aucun compte; l'homme juste devra se former un jugement par luimême.

Le chevalier, mis à l'index, alla passer six mois à Florence.

Quand il reparut à l'hôtel de la Gisaie, la comtesse, qui venait de renvoyer sa femme de chambre Victoire, avait contre lui de nouveaux griefs. — C'est alors que Médard reçut les instructions de Madeleine Vanneau, veuve d'Amédée de Marly.

Le chevalier, désespérant de vaincre les répugnances hostiles de tous les membres de sa famille, partit pour l'Espagne bientôt après. Il fit les délices de Séville, brilla singulièrement à Cadix, repassa en Italie et fut admiré à Naples. Venise, Londres, Vienne, Berlin l'accueillirent tour à tour avec faveur. Il trouva en Suisse un petit eldorado qu'il habita plusieurs fois ; il fréquenta aussi Baden, Wisbaden, Spa, Aix-la-Chapelle et Francfort. Médard, pourvu de toute sa confiance, était son courrier chargé d'affaires. L'existence nomade du chevalier le ramena bien en France où il passa quelques étés à la campagne ; il toucha même barre à Paris ; mais, en réalité, il était absen t depuis dix-huit ans révolus, quand la comtesse de la Gisaie, devenue veuve, et convaincue qu'à son âge il devait s'être amendé, l'invita d'elle-même à revenir.

Or, c'est quatre ou cinq jours au plus après son arrivée que M. le chevalier, fort peu converti malgré ses quarante-huit ans sonnés, demande à Médard des détails sur la célèbre Polka Vif-Argent.

Médard, charmé de la question, lui badigeonnait la figure, tout en causant.

— Un peu plus de blanc sur les tempes, mon ami, disait le chevalier ; rajuste-moi cette boucle, elle est trop raide, que diable !... n'as-tu point ta pommade ?... Ensuite, le peigne de plomb dans mes favoris !...

— Soyez tranquille, monsieur le chevalier.

— J'écoute.

— Polka Vif-Argent doit son sobriquet populaire à son nom de Paula d'abord, et puis à l'entrain original de sa danse. Quand

elle polke surtout, elle est inimaginable,
l'on ne se figure pas ce que c'est. Poudre,
salpêtre, vapeur, tonnerre, ouragan ne seraient pas le mot. A peine touche-t-elle le
sol, elle bondit comme une gazelle, elle
glisse, elle vole, elle s'évapore....

— Grâce de ta rhétorique, Médard. Est-
elle jolie, jeune, bien faite, aimable?...

— Pourrait-on à moins être la reine des
sylphides en renom? Dix-sept à dix-neuf ans,
svelte, admirablement prise, grands yeux
noirs, sourcils d'odalisque, un faux air de
votre Stella de Florence....

— Diantre!...

— Un front haut comme celui de mademoiselle Carmen de Séville...

— Peste!.....

—Des lèvres vermeilles, un teint qui n'est
ni trop ni trop peu coloré; tenez, sous ce

rapport je ne puis mieux la comparer qu'à madame Betsy, votre Irlandaise....

— Eh! eh!.. tu m'en diras tant!

— Enfin, dans l'ensemble, quelque chose de Madeleine Vanneau,

— A tous les diables tes comparaisons!... s'écria le chevalier avec humeur.

— J'allais dire enfin qu'elle ressemble beaucoup à *mademoiselle*...

Médard s'interrompit ici non sans affectation ; un sourire diabolique errait sur ses lèvres.

— Mais M. le chevalier m'interdit les comparaisons, reprit-il après une pause. Eh bien, en résumé, Paula, ou, si vous aimez mieux Polka est éblouissante. Grâce, fraîcheur, vivacité, gaîté, gentillesse, elle réunit tout.

— Tu l'as donc vue?

— Plusieurs fois, monsieur, le chevalier.

— Après !... son histoire ?

— Dieux ! monsieur le chevalier, son histoire est fort simple. Elle ne se connaît ni père ni mère ; libre comme l'air, elle doit sa beauté au hasard, l'amour des plus élégants et des plus riches à sa beauté, et le surplus à leur amour.

— A-t-elle un cavalier en titre pour le moment ?

— Je crois que non, monsieur le chevalier ; nous sommes dans l'interrègne...

— Tant mieux !... Et que sais-tu encore ?...

— Mais rien ! dit impudemment le valet.

— Tu ne m'as pas appris grand chose, en ce cas. Seulement tâche de me renseigner sur le costume qu'elle portera cette nuit; je me charge de lui faire dire le reste à elle-même.

— Vous serez donc toujours mauvais sujet, monsieur le chevalier?

— Je te conseille de faire de la morale, drôle. Je suis vieux garçon, moi! mais toi qui es marié!... A propos, as-tu revu ta femme?...

— Moi!... non certes!... Elle me trompait indignement; j'en ai eu la preuve certaine, je l'ai abandonnée!...

— J'ignorais cela, Médard.

— On n'aime guère à parler de ces sortes d'affaires, monsieur le chevalier. En deux mots, ne me souciant pas d'élever à mes frais l'enfant d'autrui, je laissai la mère aller de son côté, pour aller du mien, ou plutôt du vôtre, monsieur!...

Le chevalier se mordit ses lèvres:

— Médard en sait aussi long que cela, pensait-il, et depuis notre départ de France il ne m'en a jamais soufflé mot! Se douterait-il de quelque chose?.... oh! non!... impossible!...

M. le chevalier se fit donner sa cravate, son gilet, son habit noir et ses gants blancs; on frappa presque aussitôt à la porte du corridor de communication entre son petit logement de garçon et les grands appartements de l'hôtel de la Gisaie. Ce ne pouvait être que madame la comtesse, l'un de ses fils: Justin alors âgé de vingt-six ans ou Casimir qui en avait déjà vingt-quatre, à moins que ce ne fût, par extraordinaire, sa fille Léonore, jeune personne de dix-huit ans, dont M. le chevalier ne recevait guère la visite.

Tel était donc le personnel de l'hôtel de

la Gisaie à l'époque où se rouvre notre récit.

Madame la marquise d'Arvelles est morte, et la comtesse Mathilde, aujourd'hui veuve, occupe sa place, à cela près que Justin, fils majeur, exerce, de droit et de fait, en toutes occasions, les fonctions de chef de famille.

Justin se distinguait par une droiture, une fierté, une mesure et une fermeté fort rares. Dans la maison paternelle, il était maître, seul maître ; ses décisions faisaient loi. Jeune encore, il ne se refusait pas absolument les distractions de son âge ; ainsi, on aurait pu l'entrevoir dans ce monde à mœurs légères dont son oncle le chevalier était jadis l'un des héros ; mais les plaisirs qu'il s'accordait parfois ne lui faisaient jamais oublier ses devoirs. Ce n'est point lui qui eût compromis le nom de la Gisaie dans une intrigue dangereuse comme l'enlèvement de Madeleine Vanneau; ce n'est point lui non plus qui eût jamais donné son nom à une femme compromise. L'amour, le dévouement, la reconnaissance, aucune passion généreuse ou funeste, aucune considération morale ou religieuse, ne l'aurait pu fléchir en pareil cas. Tous les préjugés du monde étaient à ses yeux des lois sacrées, les pierres angulaires de la société, la base de l'édifice et en même temps la défense l'égide de tous, contre un péril incessant. Son opinion était raisonnée; sa conviction absolue; et il était entier dans toutes ses convictions. Il poussait jusqu'au fanatisme la religion de l'honneur; il eût sacrifié sans balancer sa vie, celle de son frère, celle de sa sœur et jusqu'à celle de la comtesse sa mère à l'honneur de la famille.

Le chevalier de la Gisaie avait grand peine à soutenir devant lui son rôle multiple, bien que, d'après les lois mondaines, il fût et demeurât encore un homme d'honneur. Toujours est-il que le chevalier n'avait jamais autant redouté ni le comte de la Gisaie son frère, ni même le vicomte de Lormel, jugé fort sévère aussi, mais à un point de vue opposé. Son neveu Justin lui imposait ; et, cependant, ils fumaient tous les soirs le cigare ensemble , ils devisaient fort galamment, fort gaiement ; — vous eussiez juré qu'ils se convenaient à merveille sous tous les rapports.

Casimir, garçon aimable, spirituel, facile, sans angles rentrants ni saillants, s'entendait à ravir avec sa mère, son frère Justin, son oncle le chevalier, et même avec sa sœur Léonore dont le caractère bizarre veut être plus attentivement étudié.

Admirablement douée en apparence, belle au-delà de tout éloge, élevée avec une sollicitude et une tendresse maternelles qui ne se démentirent jamais, remplie de talents et d'intelligence, toujours spirituelle dès qu'elle consentait à l'être, brillante même malgré elle, et de plus destinée à une fortune magnifique, Léonore, à dix-huit ans, était déjà un douloureux problème pour la comtesse de la Gisaie.

Nature fière ou plutôt orgueilleuse, susceptible jusqu'à la colère, revêche et mélancolique, sérieuse, triste, sèche et même sombre, elle paraissait dévorée par un inexplicable ennui. — Que lui manquait-il? — que désirait-elle? — avait-elle au cœur quelque passion latente?...

Ce fut la comtesse qui entra chez le chevalier, elle amenait avec elle sa fille qu'elle gourmandait encore :

— Puisque vous refusez de me répondre, mademoiselle, vous répondrez peut-être à votre oncle.

— Que pourrai-je lui dire que vous n'ayez entendu déjà, madame la comtesse ? répondit la jeune fille d'un ton maussade. En vérité, je ne comprends rien à ces interminables interrogatoires sans motifs et sans but...

Médard, qui recueillit cette réponse aigre et dure, sortit en murmurant d'un ton railleur :

— Oh ! l'agréable petit caractère de jeune personne comme il faut !...

Le valet de M. le chevalier allait s'informer du costume que porterait pour le bal masqué la folâtre Polka Vif-Argent.

La comtesse entama le chapitre des doléances; elle avait recours à son beau-frère, en désespoir de cause ; elle venait le supplier de questionner Léonore et de lui adresser des remontrances amicales.

— Je ne conçois rien à son humeur bizarre, disait-elle ; — ma fille est fiancée à M. Georges de Lormel, un jeune homme accompli, riche, bien élevé, fils de notre ami à tous ; elle reconnaît qu'il est digne de nos éloges, elle consent à agréer ses vues, et nous sommes tout prêts à fixer le jour du mariage ; elle devrait être heureuse. Non ! mademoiselle souffre, elle pleure, elle s'ennuie !... mademoiselle s'ennuie !... Je la comble de bontés, elle est notre enfant gâtée à tous, mais elle s'ennuie !...

comprenez-vous rien à ce caprice-là, mon frère ?

— Rien ! absolument rien, fit le chevalier, qui tout d'abord, en vieil épicurien, soupçonna sa nièce d'être l'héroïne de quelque petit roman d'amour.

Léonore s'était assise ; elle dissimulait ses bâillements sous un délicieux éventail :

— Elle s'ennuie ! répéta la comtesse, et quand elle a dit : « Je m'ennuie, » elle croit avoir répondu à tout. Mais de quoi s'ennuie-t-elle ? Serait-ce d'être belle, admirée, courtisée, adulée, car elle n'obtient que des succès ? Est-ce d'être fiancée au plus noble des jeunes gens que nous connaissions, au digne fils du vicomte de Lormel ? Est-elle donc lasse de son bonheur ? est-elle fatiguée d'avoir une famille comme la nôtre ?

des frères comme les siens? une mère comme
moi!...

Léonore tressaillit. L'accent de la comtesse ne la touchait plus, irritée qu'elle était
de s'entendre toujours adresser les mêmes
reproches. Un éclair de dépit ou même de
colère sillonna ses beaux yeux noirs, puis
elle soupira, puis elle retomba dans sa
morne langueur..

— J'ai porté mes plaintes à mon fils Justin, son aîné, le chef de la famille, poursuivait la comtesse; Justin l'a interrogée et
l'a écoutée ensuite avec son calme glacial,
mais il paraît la soutenir : — « L'ennui,
dit-il, ne se commande pas ; c'est une maladie de l'âme qu'on ne saurait condamner
comme une faute. L'on peut être du meilleur ton et s'ennuyer à périr. » Je n'ai pas
obtenu autre chose de mon fils Justin. Oh !

mon frère, ces enfants-là me rendent bien malheureuse !

De joyeux éclats de voix retentirent dans le petit escalier qui dépendait du logement de garçon du chevalier de la Gisaie. Par là, dans sa jeunesse, le maître du logis avait reçu maintes visites fort équivoques, car l'escalier communiquait avec la rue par une porte dérobée dont il ne confiait la clé qu'à bon escient.

La comtesse fit un mouvement pour se retirer, mais reconnaissant les voix de ses deux fils à qui Médard avait ouvert sans doute, elle resta.

— Je vais, dit-elle encore, emmener ces messieurs au salon et vous laisser avec Léonore; soyez pressant, mon frère, je vous en prie.

— Ma chère sœur, comptez sur moi, répondit le chevalier.

Justin et Casimir entrèrent accompagnés de Georges Lormel, leur futur beau-frère, et d'un jeune homme encore inconnu dans la maison, M. Ludovic de Belandrague, aimable luron s'il en fût.

Justin, prenant Ludovic par la main, le présenta immédiatement à sa mère :

— M. de Belandrague, dit-il, est le plus intime ami de notre cher Georges ; à ce titre, il ne peut être que le bien-venu, n'est-il point vrai ?

— Assurément, dit la comtesse avec un sourire bienveillant ; puis elle rendit un salut maternel à Georges qui se dirigeait déjà vers la belle Léonore.

A l'aspect de la jeune fille, Ludovic ne put retenir une exclamation de surprise qu'elle seule remarqua, non sans en être blessée:

— Encore, murmura-t-elle, encore un !...

Le bruit confus qui se faisait autour de la comtesse et du chevalier couvrit du reste, fort heureusement, le cri de Ludovic, dont il est difficile de peindre l'état de stupéfaction.

Le jeune étranger ne parvenait point à détacher ses regards de Léonore de la Gisaie:

— Quelle ressemblance incroyable!... se disait-il. On jurerait que c'est la Polka Vif-Argent. Mêmes traits, même port, même taille, même voix; ce ne peut pourtant pas être la même personne!...Je n'ai rien vu de plus extraordinaire !...

II

Les fiancés.

Avant la révolution française, la famille de Lormel possédait à la Louisiane d'immenses propriétés territoriales, qu'une gestion inhabile et des intermédiaires infidèles avaient peu à peu placées dans les plus funestes conditions. Menacé d'une ruine complète, le vicomte dût se rendre à la Nouvelle-Orléans pour y faire valoir ses droits par lui-même. Il y suivit plusieurs procès, réalisa ses biens par des ventes successives, et parvint, non sans d'énormes difficultés, à sauver sa fortune compromise; mais ce fut aux dépens de sa propre santé et de la vie de sa femme, que la fièvre jaune lui enleva en deux fois vingt-quatre heures.

Leur fils Georges achevait alors ses études à Paris, dans le même collége que Ludovic de Belandrague dont il avait fait son ami intime.

Georges était posé, studieux, habituellement doux, mais capable des plus fougueux emportements, lorsque, révolté par quelque injustice, il se laissait aller à la colère;

— Ludovic était pétulant, dissipé, batailleur, mais, dans les moments de crise, susceptible d'un remarquable sang-froid. Ludovic aimait à la passion tous les exercices et tous les jeux de son âge ; Georges n'y prenait aucun plaisir. Malgré cette différence de caractères et de goûts, ils s'étaient liés à cause de la généreuse conformité de leurs sentiments. S'agissait-il d'une question de quelque gravité, ils montraient une même équité naturelle, une égale loyauté, une délicatesse et un esprit de droiture, d'où était née leur sympathie juvénile. Le temps et les circonstances la consolidèrent, bien qu'au sortir du collége ils eussent suivi des voies fort opposées sous la plupart des rapports.

Ludovic arrière-neveu de ces demoiselles de Belandrague dont on a rencontré le nom dans notre prologue, était fils d'un pauvre officier mort sans laisser une obole; il fut élevé comme boursier du gouvernement, et eut, dès son entrée dans le monde, le plus pressant besoin de gagner sa vie. — Il fit un peu tous les métiers; il vendait de méchants dessins, écrivait dans les petits journaux, collaborait avec les auteurs des petits théâtres, donnait des répétitions de latin ou des leçons de flûte avec autant de bonne grâce qu'il enseignait le dessin ou l'écriture, au beau milieu de quoi il tâchait d'étudier la médecine.

C'était un mélange de rapin et de carabin, au-dessus de tous les préjugés, à l'en croire, mais ne devant un centime à personne, si ce n'est à Georges, encore ne lui devait-il jamais que de très modiques sommes. — Toujours ardent au plaisir, toujours batailleur et dépensant sans trop compter Ludovic vivait au besoin d'eau et de pain durant des semaines entières. — Il était rare que son habit ne fût point horriblement rapé; souvent même il n'avait pas d'habit; aussi mesdemoiselles ses tantes le trouvaient-elles un détestable mauvais sujet. — Que n'avait-il deux mille francs de dettes chez un tailleur à la mode! Que n'achetait-il des gants blancs et des bottes vernies aux frais de ses amis et connaissances! Il eût pu voir le monde, s'y ennuyer magistralement ou y devenir amoureux sans espoir, ne point fréquenter l'estaminet et ne point s'amuser en fort mauvaise compagnie, comme il le faisait hélas! bien souvent.

— Mais, répondait-il à qui lui en adressait des reproches, je travaille trop pour avoir le temps de m'ennuyer et n'avoir pas besoin de me distraire.

Cette réponse, qu'il avait faite vingt fois à Georges de Lormel, explique assez comment, Ludovic connaissait, non pas intimement mais très familièrement, la célèbre Polka dont la ressemblance frappante avec Léonore de la Gisaie le médusait et l'intriguait tout à la fois.

Georges, toujours sage et rangé, se distinguait par une conduite exemplaire, — chose matériellement facile quand on est riche, mais non moins méritoire, tant elle est rare; tant on a de facilités aussi à en user autrement, tant il est doux de satisfaire ses passions ou ses caprices. Georges n'avait jamais mis le pied dans une réunion équivoque; il fréquentait le grand monde où sa fortune lui assurait la plus honorable réception; sa vie n'avait aucun côté qu'il fût obligé de tenir secret. En somme, il se conformait de tous points aux conseils du vicomte de Lormel, son père, dont il ferma les yeux peu d'années avant l'époque de notre récit actuel.

Le vicomte, atteint d'une incurable maladie, était revenu en France lorsque se mourait déjà le comte de la Gisaie, son ancien frère d'armes, qu'il perdit en s'écriant :

— Je te rejoindrai bientôt dans un monde meilleur.

Cette douloureuse parole devait se réaliser l'année suivante; pendant un an, il ne cessa de donner à Georges ses instructions paternelles:

— Tu vas entrer dans le monde, lui avait-il dit, tu t'y trouveras sans armes, entouré de périls et d'ennemis, entouré de piéges et de séductions. Tu seras prêt à prendre pour des lois absolues, pour des règles invariables, des préceptes dont l'apparence morale est souvent et presque toujours belle, mais dont l'application rigoureuse est parfois horrible. Défie-toi de tous les préjugés, et pourtant respecte-les tous. Écoute-moi donc, mon fils, afin de profiter, s'il est possible, des leçons de ma vieille expérience.

Le vicomte de Lormel fit à Georges le récit de tout ce qu'on savait de l'histoire de Madeleine Vanneau.

— A la place d'Amédée qu'aurais-tu fait, mon fils? demanda-t-il ensuite.

— D'abord, répondit Georges, j'aurais commencé par n'accepter aucune relation avec Madeleine Vanneau.

— Très bien! ce sont les relations qu'il

faut éviter constamment ; mais enfin, tout homme est faible, l'occasion l'emporte parfois sur la volonté la mieux arrêtée, suppose que la liaison existe et telle qu'était celle de M. de Marly avec cette femme infortunée.

— Eh bien, mon père, sans essayer de donner au monde une leçon fort inutile, je croirais devoir faire tout ce qu'a fait ensuite M. Amédée de Marly.

— La rude école de la misère te manque, mon fils, poursuivit le vicomte de Lormel. Or quiconque ignore ce que c'est que la misère est un sot ou un méchant ; étudie-la, observe-la, devine-la, pour être véritablement juste et pour te rendre digne de pitié si jamais tu deviens malheureux.

« Les préjugés sont les instincts des sociétés humaines, » — tel était l'un des pre-

miers aphorismes du vicomte de Lormel
qui, partant de là, leur faisait une part im-
mense. — « A l'état de nature, — si l'état
» de nature existait, — l'homme n'aurait
» pas de préjugés. Plus l'homme s'éloigne
» de cet état imaginaire, plus il a de pré-
» jugés. Chez les sauvages, les préjugés
» sont plus rares mais non moins terribles
» que chez les civilisés. —Chez les civilisés,
» comme chez les barbares, les préjugés
» sont conservateurs de l'état social, de
» même que les instincts des animaux sont
» conservateurs de leur espèce. »

Après avoir appuyé ce raisonnement par
de judicieux et nombreux exemples :

— Tu vois donc, mon cher fils, ajoutait
le vicomte de Lormel, combien les préjugés
existants méritent d'être respectés dans
leur ensemble; car, supprimons-les, l'état

social cesse d'être ce qu'il est, ou plus simplement il cesse d'être, pour faire place à un autre état social, pire ou meilleur, suivant les nouveaux préjugés qui se substitueront inévitablement aux anciens.

— Que faut-il donc conclure de vos paroles, mon père? demanda Georges.

— Rien d'absolu. La religion, la raison et la justice se trouvant perpétuellement en contradiction avec les préjugés, il est logique d'accepter et de repousser tour à tour ces grands instincts sociaux. Tous les animaux cherchent leur pâture; le loup se jette instinctivement sur l'agneau; nous trouvons raisonnable néanmoins de combattre le loup. Les préjugés sont des instincts, dont le sens moral n'est et ne peut être complet; sans quoi ils cesseraient d'être des préjugés pour devenir des jugements, des lois, des règles, des principes.

Ces grandes leçons étaient gravées dans la mémoire et dans le cœur de Georges qui, d'un autre côté, voulant obéir aux volontés dernières de son père, ne négligeait rien pour se faire aimer de la fille du comte de la Gisaie.

Leur union était, on se le rappelle, le vœu des deux familles. La comtesse et Justin agréaient donc Georges de Lormel comme fiancé en titre. Il faisait sa cour à Léonore, de l'assentiment de tous, et sans cesse, en lui adressant de galantes déclarations, il lui parlait de son dévouement filial :

— Combien il lui était doux, en la voyant si belle, d'obéir à la fois aux penchants de son cœur, aux désirs de leurs pères, aux vœux des deux familles!

Léonore s'efforçait de répondre avec grâce ; et pourtant, en dépit d'elle-même, ses ennuis latents, son vague dégoût de toutes choses, se trahissaient par moments en des réponses qui glaçaient son jeune fiancé.

Ce jour-là, par exemple, elle dit avec amertume :

— Qu'importent la beauté, la richesse, la naissance ; rien de tout cela n'est le bonheur !....

Léonore en parlant ainsi observait l'étrange contenance de Ludovic, elle songeait au nouvel interrogatoire dont elle était menacée ; rarement elle avait répondu d'un ton plus maussade à Georges de Lormel, qui reprit avec vivacité :

— N'espérez-vous donc, mademoiselle,

aucun bonheur de cette union qui fut l'espoir le plus cher de nos parents?

— Je ne serai jamais heureuse! répliqua Léonore; je suis née sous une étoile funeste....

— Si vous ne pouvez m'aimer, s'écria Georges désespéré de sa froideur, daignez au moins le dire clairement....

— Allons! fit Léonore, que signifie votre susceptibilité? Vous ai-je donné à entendre que votre recherche me soit pénible? Et parce que je vous laisse entrevoir ma tristesse, devez-vous renoncer à la fille du comte de la Gisaie?...

— Vos paroles m'épouvantent parfois, mademoiselle!...

— Que diriez-vous, monsieur Georges, si vous connaissiez toutes mes pensées!

répondit la jeune fille avec un accent de mélancolie profonde.

Un domestique vint annoncer à la comtesse qu'il arrivait des visites au salon; elle invita ses fils et leurs amis à s'y rendre avec elle; Léonore fut retenue par le chevalier qui, selon sa promesse, se mit en devoir de jouer son rôle d'oncle.

Au même instant, la porte du petit escalier s'entr'ouvrit et une femme d'un âge mûr, vêtue d'un costume, assez misérable avança la tête.

— Ma chère enfant, disait le chevalier à Léonore, parlons franchement et raisonnablement; vois en moi un père jaloux de te rendre heureuse.

L'étrangère, surprise et même touchée de l'accent paternel du chevalier, resta immobile, retenant son haleine, pour mieux entendre la suite de la conversation.

— Je ne sais, en vérité, de quoi l'on s'inquiète tant ici depuis quelques jours ? disait Léonore. Que leur fait donc mon ennui si personne n'en souffre ?

— Nous en souffrons tous, ma fille ? Nous voulons te voir jouir de ta jeunesse, de ta beauté, des avantages que tu dois à la fortune. Nous ne savons ce qui te manque, nous cherchons à l'apprendre pour te l'offrir. Eh quoi ! tu te chagrines de l'intérêt que chacun de nous te témoigne ?

— C'est bien ! c'est très bien ! pensait la pauvre femme cachée derrière la porte entr'ouverte. Il lui parle en bon père !... Ah !... il a gardé notre fille.... ma fille à moi !... Oh ! si je pouvais la voir seulement, mais écoutons, toujours !...

Léonore était tournée de manière que de la porte de l'escalier on ne pouvait que l'entendre :

— Je ne suis point insensible à tant d'intérêt, dit-elle, mais je suis fatiguée de questions auxquelles je ne saurais faire de réponse.

— Ne crains rien, ma chère Léonore....

— Léonore!... ma fille s'appelle donc Léonore, murmura l'étrangère tremblante d'émotion.

— Si tu as un secret, continua le chevalier d'un ton débonnaire, confie-le moi sans craintes ; je serai discret, s'il le faut : au besoin, je te viendrai en aide....

— Mille remercîments, dit la jeune fille avec un léger accent ironique, vous êtes infiniment trop bon...

— Voyons un peu, le fiancé qu'on te destine ne serait-il pas celui que tu préfères...

— Je ne vous comprends pas, monsieur le chevalier.

— Allons donc!... Je ne te ferais pas un reproche, moi, d'avoir une inclination, un penchant prononcé pour quelque autre que M. Georges de Lormel....

— Moi!... fit Léonore d'un ton dédaigneux comment pouvez-vous supposer cela ?...

— Mais... après tout, *cela* n'a rien d'invraisemblable.... Enfin, aurais-tu quelque répugnance pour Georges lui-même?...

— Rien n'autorise à le croire.

— Si fait, mon enfant!... Ta langueur, ton ennui, ton malaise ne sont pas naturels à ton âge, quand on est aimée par un jeune et charmant cavalier comme Georges, bien né, riche...

— Est-il donc riche?

— Sans doute, il est fort riche ; d'un autre côté tu as trois cent mille francs de dot, de belles espérances, et moi qui te parle, je te suis un vieil oncle qui n'oublierai point de s'inscrire au contrat....

— Pardon !... et mille grâces encore ; j'ai eu l'air de faire une question d'intérêt, quand, au résumé, ces choses-là me touchent fort peu....

— Bien ! Mais la belle mine de George s, son ton exquis, son excellente conduite, te touchent davantage peut-être ; il jouit de la meilleure réputation, il est doux, généreux, sage....

— Oh ! les éternels éloges ! murmura Léonore, ajoutez donc, je vous prie, qu'il est toujours prêt à faire un sermon de charité....

— De la raillerie!., ah ! ah!... Tu l'aimes donc ?

— Je ne raille pas, dit Léonorepiquée ; M. Georges, depuis quelque temps surtout, me paraît lourd, pédant et froid...

— Si tu l'encourageais un peu, ma fille, il serait sans doute moins gauche et plus chaleureux.

— Je ne demande à personne de forcer nature.

— Explique-toi donc enfin; aimerais-tu mieux un fat ou un mauvais sujet?

— J'estime M. Georges à sa valeur; on veut me marier avec lui, je ne m'y refuse point... que peut-on exiger de plus?

— On voudrait te voir heureuse de ton bonheur, que diable !

— Ici, monsieur le chevalier, je réclame pour moi la même indulgence que j'ai de mon côté pour M. Georges. Ai-je le don de me transformer au gré des désirs d'autrui ? suis-je maîtresse de mes impressions secrètes ? suis-je libre d'être, à mon choix, triste ou gaie, folâtre ou rêveuse ? Mon frère Justin m'a bien comprise, lui, quand je lui ai tout simplement répondu : — Je suis ce que je suis, je m'ennuie parce que je m'ennuie et sans autre motif qu'une lassitude qui, s'il faut en croire la philosophie de M. Georges, serait l'excès du bonheur...

— Allons ! petite mauvaise tête, dit le chevalier en souriant, il te faudrait un malheur pour être heureuse ; marie-toi donc et au plus vite !

Dans cette dernière répartie se révélait enfin le vieux garçon sceptique et passablement fatigué de catéchiser une nièce de dix-huit ans.

Il congédia Léonore en disant d'un ton badin :

— J'annoncerai tout à l'heure à monsieur ton futur que demain tu auras toi-même fixé le grand jour de la cérémonie.

La jeune fille sortit sans répondre.

Aussitôt la femme jusque-là cachée derrière la porte se présenta brusquement au chevalier :

— Qui diable êtes-vous, la vieille, s'écria-t-il avec humeur, et qui vous a introduite ici ?

III

Vieilles connaissances.

Elle avait environ quarante ans ; mais la misère, le chagrin, le vice peut-être, la vieillissaient d'une douzaine d'années. Aussi ne s'apercevait-on point qu'elle eût été gracieuse et séduisante dans sa jeunesse.

Les traits et la taille, tout en elle était déformé; sa physionomie n'avait plus rien de délicat ni de fin; l'on y eût vainement cherché les traces de cette vivacité piquante qui la caractérisait autrefois. Nous savons, pourtant, qu'un jour cette femme fit oublier à l'un des plus brillants cavaliers du temps maintes conquêtes brillantes.

Sa mise était pauvre, a-t-on dit; mais encore faut-il ajouter qu'elle portait un vieux chapeau rose, un robe de soie passée, un méchant châle reteint, d'épais souliers et de gros bas de laine. Cet ensemble disparate était plus laid que ridicule, plus triste encore que laid; on voyait trop que l'infortunée créature n'avait rien sur le corps qui n'eût été usé par d'autres avant de lui appartenir.

— Personne ne m'a introduite, monsieur le chevalier de la Gisaie, dit-elle, car j'ai, depuis vingt ans bientôt, la clé de cet escalier; je la tiens de vous-même, qui me l'avez donnée en disant : — « Petite, quand tu entreras par là, tu seras toujours la bien venue!... » — Mais il y a vingt ans que monsieur le chevalier parlait ainsi; maintenant il ne reconnaît plus Victoire, femme Médard.

— Diable!... diable!... s'écria le vieux garçon avec humeur, garder une clé pendant vingt ans, ceci passe la permission, ma chère!...

— Les jours ont succédé aux jours, les années aux années, et Victoire désespérée a souvent regardé cette clé, tantôt comme un stimulant de haine, tantôt comme un emblême d'espérance...

— Dès demain, je ferai changer ma serrure, pensa le chevalier en allumant un cigare.

— Vous étiez en voyage, à l'étranger, ajoutait Victoire d'un ton doux et triste, si parfois vous avez traversé Paris, je ne l'ai jamais su à temps. Aujourd'hui enfin, j'a p prends que vous y êtes; j'accours, le cœur gonflé de colère... mais j'ai changé de sentiments sur le seuil de cette porte...

— Ah!... tant mieux! fit le chevalier.

— De là, reprit Victoire avec chaleur, j'ai entendu, j'ai vu, j'ai compris et je pardonne tout!...

— Quel est cet amphigouri?... Que me chantez-vous là? interrompit le vieux garçon.

On remarquera que Léonore ne lui avait pas une seule fois donné le titre d'oncle et que lui-même n'avait pas dit un mot qui ne dût confirmer Victoire dans son erreur.

— Vous avez abandonné la mère, reprit cette dernière, mais vous avez eu soin de la fille ; vous l'avez élevée à l'étranger, vous avez fait d'elle une jeune personne comme il faut, vous comptez la marier honorablement et convenablement!... Allons!... c'est bien!... Je suis contente !

— Te moques-tu de moi, bonne femme?... fit le chevalier qui ne comprenait pas encore.

— J'étais là, derrière cette porte, n'osant me montrer!... Oh ! soyez tranquille!... je ne ferai point d'éclat; pour le bonheur de mon enfant, je resterai inconnue...

Le chevalier partit d'un impertinent éclat de rire :

— Tu crois que mademoiselle Léonore de la Gisaie est ta fille, s'écria-t-il ensuite ; oh !

l'adorable plaisanterie ! Tu deviens très amusante, parole d'honneur, ma pauvre Victoire !...

Victoire fut déconcertée un instant.

— Cette jeune personne est ma nièce, reprit le chevalier d'un ton rassis, la fille du comte et de la comtesse de la Gisaie....

Victoire ne se laissa pas convaincre.

— M. le chevalier, pensa-t-elle, veut m'en imposer à moi-même. Léonore est bien notre fille, mais on la fait passer pour l'enfant de la comtesse... Peut-être sait-elle une partie de la vérité, ce qui expliquerait l'ennui vague dont elle se plaint. — Il est bien clair qu'elle sera dotée par son père véritable qui se donne ici pour son oncle.

— Enfin, l'on ne veut mettre personne dans la confidence d'un pareil secret de famille... je conçois cela... Mais elle est ma fille.... elle est ma fille, j'en suis bien sûre !....

— Je vois, reprit Victoire après ces réflexions, que M. le chevalier veut garder, son secret; je n'insisterai plus. Il doit suffire à la plus misérable des mères que sa fille soit heureuse! Vous avez encore des droits à ma reconnaissance, malgré tout le mal que vous m'avez fait.

— Ah ! fit le chevalier impatienté, t'obstineras-tu jusqu'à demain à nous faire des contes à dormir debout?... Quant à ta fille... tu as donc eu une fille?... Et tu prétends qu'elle est la mienne...

— Pouvez-vous l'ignorer?

— Sans doute, qui me l'aurait appris?... Je suis parti de France, le jour même où la comtesse ma belle-sœur te renvoya de son service; et, depuis, j'ai eu bien autres choses en tête que toi et ton enfant. Je ne sais encore quand ni comment il est né, s'il est mort ou vif, fille ou garçon, et franchement je ne tiens pas à en savoir davantage.

— Parce que vous n'ignorez rien! répliqua Victoire. Vous faites semblant de n'avoir point reçu mes lettres, et pourtant je vous ai écrit plus de vingt fois....

— Première nouvelle, ma bonne, fit le chevalier en se couchant dans son Voltaire : et que m'écrivais-tu donc de si intéressant?

— Je vous écrivais, répondit Victoire avec chaleur, qu'une fille m'était née, mais que, le lendemain même de sa naissance, elle me fut enlevée dans son berceau. Je vous demandais si c'était par vos ordres, comme j'en suis heureusement persuadée à présent; je vous suppliais de me donner de

ses nouvelles, je vous promettais une discrétion à toute épreuve, comme je vous la
promets encore...

— Si tu me fais un conte, ma pauvre Victoire, interrompit le chevalier, je ne vois
guère dans quel but ; si tu dis vrai, tu t'es
fabriqué à plaisir le plus burlesque des romans.

— Non! non!... Léonore est la fille qu'on
m'a volée! ..

— Je crois que ton enfant t'a été volé,
dit le chevalier de la Cisaie ; mais, sur ma
parole d'honneur la plus sacrée, je suis innocent de ce larcin, j'y suis étranger et
n'en ai jamais eu la moindre connaissance!...

Victoire consternée sentit ses yeux se
baigner de larmes, car, connaissant le che-

valier comme elle le connaissait, elle ne pouvait douter de sa parole d'honneur.

Dès le début de cet ouvrage, au chapitre des contradictions, on l'a déjà dit, mais l'on ne saurait assez insister sur ce point caractéristique, M. le chevalier qui par ses serments et ses promesses d'amour, par ses roueries et ses caresses trompait si facilement de pauvres femmes, était absolument incapable de fausser sa parole. — Étrange scrupule, n'est-il pas vrai ?

— O mon Dieu ! s'écria Victoire, je perds ma dernière espérance ! Eh bien, alors, soyez maudit ! soyez maudit mille fois !.. par moi, comme par Madeleine Vanneau, comme par vos autres victimes !.. Pour toute compensation à mes misères, à mon avilissement, à la détestable vie que je mène, je ne demande au ciel, moi, que de vous punir exemplairement, dans ces vingt-quatre heures qui commencent!....

— Ma vieille, dit froidement le chevalier, nous fréquentons à ce qu'il paraît les théâtres du boulevard.

— Vous êtes un vrai scélérat!...

— Possible, fit le chevalier en se levant, mais je déteste les scènes dramatiques ; passez-moi donc cette porte-là, s'il vous plaît....

Victoire fut au moment de se jeter à corps perdu sur le chevalier. C'était désormais une femme tombée assez bas pour avoir de semblables emportements. Chassée, pour inconduite, de la maison de la comtesse, elle n'avait pu se replacer dans aucune famille honorable. Elle vivait, depuis vingt ans, de ses relations avec les héroïnes de ce monde où s'égara jadis Madeleine

Vanneau et dont la reine actuelle s'appelait Polka Vif-Argent.

Victoire se contint néanmoins et obéit, car elle avait recouvré tout espoir. Ingénieuse à se faire illusion, elle pensa que le comte et la comtesse, en l'absence et à l'insu du chevalier, lui avaient fait prendre son enfant pour l'élever sous le nom de Léonore.

— La comtesse mit au monde une fille, le même jour que moi, je me le rappelle fort bien, mais n'était-ce point là une ruse ? Peut-être y a-t-il eu réellement deux filles qu'on aurait fait passer pour jumelles, si la leur n'était morte... car Léonore est la mienne, j'en ai la conviction, mais j'en veux la preuve, je l'aurai ici, tôt ou tard...

Il importait à Victoire de se ménager la possibilité de rentrer dans l'hôtel ; et voilà justement pourquoi elle évita de s'en faire expulser par les laquais, pourquoi elle maîtrisa ses fureurs et ne se laissa point aller jusqu'aux violences dont elle était devenue capable.

Au même instant, elle reconnut la voix de Léonore qui frappait et demandait à entrer :

— Sortez donc !... sortez ! répéta le chevalier de la Gisaie.

Victoire s'esquiva.

Léonore venait de la part de la comtesse dire à son oncle qu'il manquait un quatrième au whist et qu'on l'invitait à passer au salon. Le chevalier s'y rendit aussitôt ; mais la jeune fille, fatiguée des compliments de Ludovic, de Georges et de plusieurs autres jeunes cavaliers, lasse de l'admiration dont elle était l'objet dans le salon de sa mère, profita de l'occasion pour demeurer seule. Plus triste, plus boudeuse, plus maussade que jamais, elle s'assit dans une bergère et se prit à songer à ses ennuis.

Cependant Victoire, renouvelant son jeu, s'était introduite sans bruit et la regardait de loin sans oser faire un pas. Encore une fois elle ne pouvait distinguer les traits de Léonore assise devant la cheminée. Elle cherchait un prétexte pour lui adresser la parole ; le cœur de la pauvre femme battait avec force :

— C'est ma fille ! oh oui, c'est bien ma fille, je le sens ! Pourquoi s'ennuie-t-elle ? parce que la comtesse n'a point pour elle un véritable amour de mère. Ma fille s'ennuie parce qu'il y a autour de sa vie un mystère qui l'irrite...

En vérité, la malheureuse Victoire ne se trompait pas tout à fait.

Jamais Léonore n'avait eu un caractère facile ; dès son enfance elle affligeait la com·tesse de la Gisaie par son humeur rebelle et ses caprices, mais, depuis quelques mois, elle était intriguée et blessée souvent par un nom que nul ne prononçait pour la première fois devant elle sans tressaillir d'étonnement : — ce nom était celui de la Polka Vif-Argent qu'elle venait de surpren‑dre encore sur les lèvres de Ludovic.

Or elle comprenait toute la valeur de ce nom depuis qu'un jour, aux Champs-Ély‑sées, une amazone impétueuse avait été vue chevauchant à côté de la calèche où elle se trouvait avec ses frères Justin et Casimir.— Cependant, ni Justin, ni Casimir, ni qui que

ce fût ne lui avait donné d'explications in-
convenantes.

D'un autre côté, le fils du vicomte de
Lormel avait très judicieusement dit que
Léonore souffrait de l'excès de son bon-
heur.

Comblée des dons de la fortune, gâtée
par sa mère qui l'aimait jusqu'à la faiblesse,
adulée par son frère Casimir, soutenue en
toute occasion par Justin, le chef de la famille, Léonore n'avait jamais connu de con-
trariété sérieuse. Aucune des nécessités de
la vie ne l'avait forcée à déployer l'énergie
dont elle était naturellement douée; elle ne
s'était trouvée aux prises avec aucune passion; on lui offrait un fiancé avant que son
cœur eût battu d'amour, et ce fiancé lui
paraissait accompli sous tous les rapports.

— Pourquoi ne puis-je l'aimer? se demandait-elle. En viendrai-je jamais à répondre à sa tendresse ? Pourquoi me presse-t-on de me marier ? Si le mariage est un malheur, comme le dit mon oncle le chevalier, à quoi bon ? Ne puis-je rester telle que je suis ? On m'importune de questions irritantes ; je ne sais trop moi-même ce que j'ai, mais je m'ennuie !... La vie m'est à charge, et si j'osais braver les préceptes qu'on m'a enseignés, je voudrais cesser de vivre...

Le chevalier de la Gisaie, qui ne se refusait aucun genre de volupté, avait dans son petit salon, sur une étagère de palissandre, des fioles d'opium préparé diversement ; Léonore l'avait remarqué.

— Voilà qui suffirait, dit-elle en étendant la main, pour me débarrasser du spleen qui me dévore, de ce mariage qui m'effraie et de ce nom hideux qu'on murmure sans cesse à mes oreilles.

Pendant une minute entière, elle retourna dans ses doigts la fiole de poison, la replaça ensuite sur l'étagère et soupira.

Victoire fit semblant d'ouvrir et d'entrer :

— Qui est là ? dit Léonore en se retournant.

La pauvre femme poussa un cri de surprise.

— Polka Vif-Argent !... Vous, ici !... Je croyais...

Léonore tressaillit, et se levant avec colère :

— Qui êtes-vous ?... que voulez-vous ? que dites-vous ?... Sachez d'abord que vous parlez à mademoiselle de la Gisaie !...

— Pardon, mademoiselle, murmura

Victoire, mais vous ressemblez tellement à.....

— Assez! interrompit Léonore, je sais qu'il y a une créature de ce nom qui me ressemble un peu...

— Trait pour trait, murmura Victoire encore stupéfaite.

Cependant, pour motiver sa présence, elle ajouta que, connaissant les libéralités de M. le chevalier de la Gisaie, elle venait lui demander quelques modiques secours.

—J'ai donc affaire à une mendiante à domicile! repartit durement Léonore blessée jusque dans les replis les plus secrets de son cœur. Personne, dans cet hôtel, ne fait l'aumône à pareille heure aux gens qui s'introduisent furtivement par des portes entr'ouvertes. Retirez-vous donc, bonne femme.....

Mais Victoire s'avança suppliante :

— Mademoiselle, de grâce, un mot!..... Vous me chasserez ensuite; je ne m'en plaindrai pas!..... Dites-moi, par pitié, n'avez-vous point là, sous votre collerette, un petit signe noir à la naissance du cou?.....

Léonore se jeta sur le cordon de sonnette.

— Ne me touchez point!... dit-elle en même temps avec un mélange de colère et d'effroi, car Victoire étendait la main.

— Oh! n'ayez pas peur, mademoiselle! dit la pauvre femme en s'éloignant. Je ne suis pas une voleuse et je suis bien connue dans cette maison. Seulement, je tiens à savoir si vous portez le petit signe dont je parle... .

— Que vous importe?..... répliqua sèchement Léonore de la Gisaie.

— Il m'importe! s'écria Victoire, parce que si cela est, vous êtes ma fille.....

— Quel audacieux mensonge! dit Léonore transportée de courroux.

Médard accourait :

— Chassez cette vagabonde..... cette mendiante effrontée!..... ajouta la jeune fille en se dirigeant vers la porte des grands appartements, que Georges de Lormel ouvrit à l'instant même.

— Mademoiselle Léonore, je vous en supplie..... répondez-moi! disait encore Victoire à genoux et les mains jointes.

— Allons! obéissez, Médard!..... chassez-la!.....

— Quelle dureté! pensa Georges de Lormel avec tristesse.

Cinq minutes auparavant, le chevalier et la comtesse lui avaient promis que, dès le

lendemain, le jour définitif du mariage serait fixé.

— Je ne veux cependant pas épouser une
femme sans cœur ! se dit-il encore tout en
offrant galamment le bras à la jeune fille
pour la ramener au salon, où son absence
était remarquée.

— Monsieur de Lormel, lui dit aussitôt
Léonore, vous me trouvez bien sévère,
bien dure peut-être envers cette malheureuse; mais vous excuseriez un mouvement
de juste colère si vous saviez ce qu'elle a
osé me dire.

— Vous aurait-elle insultée ?.....

— Jugez-en, monsieur Georges ; elle
prétend que si j'ai, sous ma collerette, à la
naissance du cou, un petit signe lenticu-
laire, je ne suis pas Léonore de la Gisaie,
mais sa fille à elle ! .... moi, fille d'une men-

diante de cette sorte..... Comprenez-vous pareille impudence ?....·

Médard et Victoire, le mari et la femme, se trouvaient alors en présence, dans l'appartement de garçon de M. le chevalier.

IV

La Triomphe.

Victoire, reconnaissant son mari dans la personne du valet chargé de l'expulser, se redressa de toute sa hauteur :

— C'est toi, dit-elle, je reste !

— Ah ! fit Médard d'un ton goailleur, je

ne m'attendais pas à tant d'amabilité de votre part, madame..... Prenez donc la peine de vous asseoir, faites comme chez vous..... Aussi bien vous avez été la reine de ce joli séjour, il y a quelques dix-neuf ans...

— Tu es donc toujours au service de cet homme? reprit Victoire avec amertume ; je comprends à présent qu'il n'ait jamais reçu mes lettres.

— Très bien jugé, bravo..... fit Médard ; vous avez toujours été pétrie d'intelligence, madame ma femme; mais vous avez fait en votre vie une grosse sottise.

— Ce fut de t'épouser.....

— Non, pas préciment...

— Alors, j'en ai fait deux !..... mais laissons-là le passé; réponds-moi ! Cette Léonore est ma fil le, n'est-ce pas ?

— Nous sommes bien curieuse, la belle !

— Monstre exécrable, apprends-moi ce qu'est devenu mon enfant !...

— Nous sommes bien aimable, chère dame !... Et surtout nous faisons preuve de beaucoup de tact. Pour obtenir de moi une confidence , commencer par m'appeler monstre...

— Réponds-moi, sans tant railler.

— Au fait, bonne amie, j'y consens, parce que tout compté, tout rabattu, ce petit aveu entre dans mes projets. Ainsi, tu ne m'auras aucune obligation.

— Tant mieux.....

— Ta fille, c'est moi qui te l'enlevai.....

— Oh !..... misérable !... toi encore !.....

— Moi-même ; j'en avais bien un peu le droit !.....

— Après ?... après ?...

— Je la donnai à une mendiante de ma

connaissance qui lui mit aux pieds les plus jolis petits sabots.....

— Oh! par pitié, ne ricane plus, Médard.

— Les sabots sont de l'histoire, une certaine comtesse de notre connaissance qui en avait acheté deux paires.....

— Passe!..... je comprends... La comtesse de la Gisaie donna ces sabots à ma pauvre enfant... Parle-moi de ma fille.

— A l'âge de sept ans, elle fut vendue à des saltimbanques, qui, lorsqu'elle en eût quinze, lui permirent d'accompagner un jeune seigneur russe ou anglais.....

— Ma fille! ma pauvre fille! murmura Victoire avec une émotion profonde.

— Jusqu'ici, je ne la vois pas fort à plaindre! reprit impudemment le valet. Ce seigneur anglais ou russe, j'ai dit jeune, au

fait, je crois qu'il était vieux, mais ce dé-
tail ne fait rien à l'histoire....

— Va donc, Médard !...

— Le susdit richard lui fit faire ses débuts dans le monde élégant, et mourut
bientôt après en lui laissant cent mille
francs qu'elle a mangés en sept mois.....

— Comment sais-tu tout cela, Médard ?

— Parce que j'ai toujours eu intérêt à
le savoir !... M. le chevalier avait beau
m'emmener de Madrid à Florence, de Venise à Londres ou à Berlin, moi, je me te-
nais au courant de tout. Fallait-il retrouver une piste, je me faisais donner à point
une mission pour Paris. J'ai de petits projets anodins qu'il est temps, je trouve, de
réaliser.

— Mais, ma fille, où est-elle ? Quel nom
porte-t-elle ?...

— Eh quoi! tu ne le sais pas encore ?...

— Tu mens, peut-être?

— Possible! çà m'arrive quelquefois.

Victoire réfléchit un instant :

— Mademoiselle Léonore ressemble à s'y méprendre à la Polka Vif-Argent... L'histoire que conte Médard, je la savais, oui je la savais... la Polka est donc ma fille!...

— Nous brûlons, Victoire, çà brûle!... dit en ricanant toujours le valet de chambre de M. le chevalier.

Médard sifflait entre ses dents et se frottait les mains; de longtemps sa femme ne rompit le silence.

— Tu remarqueras, ma bonne, que tu as été instruite à point nommé de notre retour actuel; tu m'en devrais tes remercîments...

— Cependant, dit encore Victoire, je ne

vois pas quel peut être ton intérêt, et j'ai peur d'être trompée...

— Oh! je trompe aussi de temps en temps, femme toujours judicieuse.

— Pourquoi me dirais-tu la vérité aujourd'hui, après me l'avoir si longtemps cachée?

— Ceci est tout bonnement mon secret que je garde jusqu'à nouvel ordre.....

— Eh bien!... s'écria Victoire, je cours chez Paula !...

— Chez Paula! répéta Médard. L'on dit Paula depuis qu'on se croit maman... Voyez où vont se nicher les délicatesses du langage!...

— Je saurai cette nuit même...

— Tu ne sauras rien, Victoire, si tu ne m'écoutes pas !

— Je t'écoute,

— La belle Paula n'est point chez elle, j'en suis sûr. Elle ira cette nuit au bal masqué; de là, selon l'usage, à la Maison-d'Or; je t'engage donc, ma bonne, à faire un somme en attendant l'issue du bal de l'Opéra.

— Moi, dormir avant d'avoir embrassé ma fille !... dit Victoire avec animation.

Médard se prit à fredonner.

La soirée se termina de bonne heure chez madame la comtesse de la Gisaie, quoique ce fût jour de réception ; mais il y avait sur toutes les physionomies une préoccupation visible, et quelquefois par convenance le monde sait être discret.

Le chevalier, sa belle-sœur, Justin et même Casimir avaient eu plusieurs conférences animées. Georges de Lormel avait été successivement pris à part, et par la maîtresse de la maison, et par chacun de ses fils. Léonore était évidemment soucieuse. Tout cela fut remarqué; l'on sortit.

Depuis que Georges avait reçu la promesse d'une réponse définitive pour le lendemain, il ne cessait de faire les plus sérieuses réflexions. D'une part, il tenait à obéir religieusement aux volontés du vicomte son père; de l'autre, il trouvait en Léonore quelque chose de si bizarre qu'au dernier moment il hésitait. Aussi réservant sa propre décision :

— Demain, vers midi, puisque vous me fixez cette heure, répondit-il, j'aurai l'honneur de me présenter chez madame la comtesse.

Le spleen de la jeune fille l'épouvantait à bon droit. — Si c'était une monomanie, il y aurait au moins imprudence à s'unir en mariage avec elle; si cette tristesse avait quelque cause cachée, on devait à plus forte raison temporiser, s'enquérir, s'éclairer, ne rien conclure à la hâte.

Les propos même de Victoire influaient sur Georges de Lormel dont l'amour, plus spéculatif que passionné, partait moins du cœur que de la tête :

— Elle est belle, bien élevée, spirituelle dès qu'elle consent à l'être, brillante, remplie de talents, remarquable par sa grâce, charmante, mais j'aime surtout en elle la fille du frère d'armes de mon père. Si l'on me prouvait qu'elle n'est point Léonore de la Gisaie, l'aimerais-je encore?

Question froide, question mathémathique, question diamétralement opposée à la manière de raisonner d'un véritable amoureux!

L'identité mettra-t-elle jamais l'amour en question?

Si telle était la conséquence de l'assertion la moins vraisemblable, du doute le plus fugitif, peut-on dire que Georges aimât Léonore, bien qu'il l'aimât assez pour l'épouser selon toutes les règles et toutes les convenances?

Les méditations du jeune vicomte de Lormel pourraient aisément défrayer cinquante pages hérissées de contradictions, comme tout ce qui part de l'incertain. Georges était donc non moins soucieux que Léonore, que la comtesse, et que le chevalier lui-même, si léger que le vieux garçon fût d'ordinaire.

C'est pourquoi Ludovic, qui depuis plus de trois ans n'avait mis les pieds dans un salon, se répétait sur tous les tons que le monde n'était pas moins ennuyeux que par le passé.

— Vrai Dieu ! murmurait-il, chez mesdemoiselles de Belandrague mes tantes, on n'a plus grande envie de bâiller que dans cette maison-ci. Georges se désole de l'air maussade de sa future ; moi, je ne m'en étonne plus si elle vit toujours dans une atmosphère aussi soporitive!... Je suis boute-en-train de mon naturel, quoiqué habituellement sans le sou, mais, aurais-je à ma disposition tous les trésors de l'univers, je deviendrais ici plus triste qu'un magot de la Chine !...

Qu'on pardonne à Ludovic le monologue d'un aimable luron qui se connaissait, pour causes, en plaisirs et joyeuse humeur.

Dès qu'il fut hors du salon, il respira largement ; par réaction il se sentait vingt fois plus gaillard que de coutume. Justin, Casimir et Georges passaient avec lui dans l'appartement du chevalier de la Gisaie.

— A présent, mes bons amis, dit Ludovic, il s'agit de nous préparer pour le bal masqué, n'est-ce pas?...

Au même instant, il aperçut la femme de Médard :

— Tiens! tiens!... s'écria-t-il. La Victoire, ici!... *Victoria, regina!*... Que diable viens-tu faire à l'hôtel de la Gisaie, ma pauvre vieille *Triomphe?*...

« Triomphe ou la Triomphe » était l'un des cinquante sobriquets que recevait Victoire dans ce monde qui court du bal masqué à la Maison-d'Or, de la Maison-d'Or à Clichy, et, de la prison pour dettes, à l'hôpital parfois, parfois en lieux pires encore.

— Triomphe, comme vous la nommez, monsieur, s'empressa de répondre Médard, sait, en femme intelligente, combien est charitable M. le chevalier de la Gisaie, mon maître...

— Quêteuse! reprit Ludovic, ceci est superbe comme la colonne Vendôme dont elle porte aussi le nom!... Tu fais donc tous les métiers, sans exception, ma brave Chantereine?

— Chantereine, Triomphe, Colonne, s'écria Casimir; Ludovic sait donc tous les surnoms de cette intéressante duègne...

— Tous, j'en doute; mais elle répond à Marengo, Wagram, Austerlitz, Iéna, Jemmapes et Valmy, sans parler de Fontenoy ni du Trocadero. On l'appelle en cérémonie Sa Majesté Britannique, et en petit comité Civet-de-Lapin.

— Civet-de-Lapin, demanda Casimir, pourquoi celui-là?

— Parce qu'il n'y a pas de belle victoire ni de bon civet sans lauriers...

Victoire eût pris la fuite, si Georges de Lormel ne lui eût mis un louis dans la main en disant à demi-voix :

— Tenez ! pauvre femme, je sais que tout le monde ne vous a pas bien accueillie ici ce soir.

— Merci, M. Georges de Lormel, fit Victoire touchée surtout du ton de ses paroles ; je souhaite que cela vous porte bonheur ! Ah ! vous êtes le digne fils de M. le vicomte votre père...

— Vous avez connu mon père, vous ?...

Médard, sans laisser à Victoire le temps de répondre, la congédia fort durement, tandis que Ludovic, Casimir et Justin lui-même, riaient de la libéralité de leur camarade :

— Voilà, dit le premier, une aumône qui va droit chez le marchand liquoriste; Georges encourage le commerce des esprits...

— Des esprits forts! fit Casimir.

— Ce faible me va au cœur, reprit Ludovic.

— Je crains, messieurs, disait Justin, que Georges n'ait placé ses fonds dans un panier percé...

— Tout cela est charmant! répliqua Georges; et j'ai bien l'honneür de vous souhaiter le bonsoir!...

— Ah ça! mon cher, s'écria Ludovic, prendrais-tu la mouche pour quelques plaisanteries innocentes?

— Pas le moins du monde, mais vous avez le projet d'aller au bal de l'Opéra et je n'y vais jamais.

— Je n'y vais guère non plus, reprit Justin ; pourtant, une fois n'est pas coutume ; allons, mon cher Lormel, vous ne nous abandonnerez pas !...

— Il faut enterrer la vie de garçon, ajouta Casimir, je ne vous lâche pas, moi, d'abord...

— Messieurs, ne me faites pas violence, je vous en conjure, permettez-moi de me retirer !...

— Non !... non !... non !... non !... impossible !...

— Si Georges ne vient pas avec nous, dit Ludovic, je déclare, moi, qu'il est piqué.

— Du tout, je reconnais que j'ai jeté mes vingt francs à la rivière, mais je ne saurais aller au bal !...

— Il y viendra!... nous ne le quittons point!... Allons, Georges, un effort!...

— Messieurs, il déserte!... s'écria Ludovic, volons à sa poursuite. Je réponds de vaincre sa résistance.

Marchons !... suivons les pas du héros qui nous guide !...
(*Air de Fernand Cortez.*)

Les quatre jeunes gens, riant et fredonnant, se précipitèrent dans le petit escalier.

— Parfaitement! fit Médard, M. Georges ira au bal; cela pourrait bien être utile!...

M. le chevalier rentra chez lui, quelques instants après la disparution de ces messieurs :

— Ouf! quelles corvées!... s'écria-t-il, et que le proverbe espagnol a raison de dire : — « A qui Dieu ne donne pas d'enfants, le diable donne des neveux et des nièces (1) ! » Ma chère belle-sœur abuse de la manie de me prendre pour confident. Je suis condamné définitivement à trois ou quatre sermons par jour ! Morbleu ! j'ai fièrement envie de voir Léonore mariée.

Malgré toutes les folies de jeunesse du chevalier, malgré l'histoire lamentable de Madeleine Vanneau et la fin tragique d'Amédée de Marly, malgré les misérables épisodes intimes qui, dix-neuf années auparavant, avaient motivé l'expulsion de Victoire, madame la comtesse, trompée par les phrases vertueuses de son beau-frère, avait la faiblesse de croire à sa conversion. Elle plaçait désormais, en lui, une confiance dont il n'était pas absolument indigne, s'il

____

(1) A quien Dios no da hijos, el diablo le da sobrinos.

faut tout dire ; car, au résumé, il jouait de

son mieux le rôle d'oncle prêcheur. Dans

le salon encore, depuis le départ des jeunes

gens, Léonore n'avait reçu de lui que les

meilleurs conseils.

Au fond, il n'était pas moins las que sa

nièce d'un si beau cours de morale ; aussi

éprouvait-il le besoin de se distraire au plus

vite.

— Médard, dit-il, la voiture est-elle

prête ?

— Oui, monsieur le chevalier.

— Donne-moi mon domino gris-perle.

— Voici, monsieur.

— Où ont passé ces messieurs, dis-moi ?

— Ils vont, tous les quatre, au bal de

l'Opéra.

— Merci, mon garçon, merci !... J'y pren

drai garde !.,. Et as-tu fait ma commission?

— Laquelle, monsieur le chevalier?

— L'unique, corbleu !... Peux-tu me dire quel sera le costume de la Polka Vif-Argent?

— Je le sais par le menu, monsieur le chevalier, de la coiffure à la chaussure en passant par les moindres rubans dont elle sera chamarrée...

— Très bien, Médard, tu es unique en ton genre!

— J'ose me flatter d'être un élève qui a profité des leçons de son maître.

— Chemin faisant, tu me diras tout ce que tu sais.

— Oui, monsieur.

— Eh bien, partons !...

L'appartement de garçon resta désert; mais un excellent feu pétillait dans la cheminée et une veilleuse d'huile parfumée répandait une douce lumière sur les draperies de soie, les velours, les moquettes et les tapis de fourrures.

Baissons le rideau sur cette élégante solitude.

V

À la Maison d'Or.

Qu'on n'attende pas de nous la description d'un salon particulier de la Maison-Dorée. Médard l'avait choisi pour son maître, qui payait toûjours grassement; n'est-ce point dire que glaces, divans, tentures, draperies, tout était frais, confortable, de bon goût, neuf et coquet.

De minuit et demi à six heures du matin, le valet avait dormi de ce sommeil profond que le dicton attribue au juste, mais que le juste peut souvent envier à de fort détestables drôles. Médard s'étira, remit en ordre les coussins de son lit de repos, raviva le feu, alluma les bougies et se frotta les mains en souriant:

— Ah! ah! fit-il, voici donc enfin le jour de la grande bataille! Si madame de Marly, dite Madeleine Vanneau, avait eu le quart de ma persévérance, elle serait ici dans quelque coin, toute prête à partager *le plaisir des Dieux* avec son humble serviteur.

Médard avait de la littérature, comme on s'en aperçoit.

— Mais les femmes, poursuivit-il avec dédain, ne sont jamais complétement bonnes ni mauvaises!... Ma vieille Victoire, et madame la comtesse, et mademoiselle Léonore, et la Polka elle-même en sont autant de preuves, après Madeleine Vanneau...

Médard se reprit presque aussitôt.

— Les femmes! — que dis-je là?... Les hommes sont-ils donc d'une pâte différente?... Moi, qui parle, moi, qui hais du fond du cœur tous les La Gisaie petits ou grands; moi, qu'ils ont humilié chaque jour de ma vie depuis que je me connais; moi, qui me suis fait avec joie l'instrument des fureurs de Madeleine Vanneau; moi enfin, qui ai une fortune à gagner au bout de cette intrigue... Eh bien, n'ai-je pas des heures où je rougis de faire souffrir les innocents pour atteindre les coupables, des instants où je ne sais quel singulier esprit de justice me rend odieux à moi-même!... Je suis, moi aussi, un mélange de contradictions...... Et si je persévère dans le mal, — appelons les choses par leur nom, mon ami Médard, — si je persévère, c'est que ma rage redouble, dès que j'ai éprouvé quelqu'un de ces bizarres caprices de conscience.... Elle double, elle triple, elle centuple, pourquoi? — Parce qu'il me semble alors qu'au fond j'avais en moi l'étoffe d'un honnête homme!... Sans M. le chevalier, je serais un honnête homme, moi Médard, j'en suis sûr!... Et, tous comptes faits, cela ne vaudrait-il pas mieux que d'être même le plus habile des...

Le vindicatif Figaro fit, sur ces mots, claquer ses doigts :

— Bah! dit-il, le vin est tiré, sachons le boire!...

On frappa trois coups, signal convenu ; il ouvrit.

M. le chevalier, en domino gris-perle, introduisit dans le cabinet une jeune femme masquée, dont le costume de haute fantaisie correspondait exactement aux indications fournies par Médard.

Chapeau de folie enrubané jusqu'à l'extravagance ; rubans de toutes les couleurs à profusion, en touffes flottantes, sur les épaules, sur la jupe, partout, même sur un corsage de simple mousseline brodée à jour, large ceinture écossaise serrant une taille qu'on ne pourrait comparer, pour l'élégance, qu'à celle de Léonore de la Gisaie, jupon court barriolé de dessins fantasques ; collier original, formé de croissants et d'étoiles en pierres de toutes les nuances, et dissimulant entièrement la naissance du cou; bottines rouges à talons, faisant merveilleusement valoir la finesse de la jambe et la petitesse du pied : — Voilà bien, par le menu, ce que le valet avait signalé à son maître.

La dame du chevalier de la Gisaie était rigoureusement parée ainsi; hâtons-nous d'ajouter que la singularité, un peu cherchée, de son accoutrement ne péchait par aucune faute de goût. Les couleurs s'harmoniaient bien, malgré leur éclat chatoyant; les rubans ne surchargeaient rien, tant ils étaient légers; le collier, enfin, convenait merveilleusement à celle qui l'avait fait fabriquer tout exprès pour son cou de cygne; porté par tout autre, il aurait pu être choquant, lourd ou disgracieux; mais la belle qui s'en parait avait le droit de se montrer audacieuse.

Au bal, où elle avait été remarquée, personne ne la reconnut.

— C'était bien la taille et la démarche de la célèbre Polka Vif-Argent ; mais, quand elle dansa, ce fut sans risquer aucune des excentricités chorégraphiques dont la reine des bals était coutumière.

Elle fut vive, folâtre, pétulante, mais décente, contenue par un sentiment parfait du convenable, modeste même par moments.

— « Était-ce un jeu ? était-ce un déguise-
» ment ? un masque sous le masque ? » —
Jamais elle ne dépassa d'une ligne la limite de la plus entraînante gaieté. — Elle battit des entrechats sublimes, déploya une grâce et une légèreté merveilleuses, brilla dans les solos par des pas étudiés selon toutes les règles de l'art, mais ce fut tout, point de pantomimes, point de réminiscences de la

cachucha, rien d'échevelé, rien d'orageux, rien d'ultra-fantastique. — Elle était digne de porter son chapeau de folie, mais le chapeau seulement :

— Non! disaient les connaisseurs, cette *rubannière* n'est pas notre Vif-Argent, ce ne peut être elle!... Évidemment celle-ci est un astre nouveau qui nous apparaît à son lever!

Ces propos faisaient sourire la jeune et svelte sauteuse. Ils intriguaient en même temps M. le chevalier qui n'avait cessé de suivre ses pas.

Elle valsa très peu et ne polka point.

— Qui donc était la Polka Vif-Argent?

Les suppositions des habitués s'égarèrent sur sept ou huit des plus piquantes danseuses, dont l'une, alerte pierrette, qui avait pour cavalier notre ami Ludovic, répondit constamment :

— Vous me faites beaucoup d'honneur !... Moi, la Polka.... Oh ! oh ! tout ce qui brille n'est pas Vif-Argent, mes chers messieurs !...

Réponse d'autant plus juste, que ladite pierrette avait nom Aurore Clinquant.

Plusieurs bergères ou débardeuses furent saluées de même du nom de la célébrité du jour. Celles-ci dirent non; celles-là : vous croyez ? La plupart laissèrent à penser qu'on ne se trompait point.

Quant à la dame du chevalier de la Gisaie, elle refusa toujours d'avouer qu'elle fût l'incomparable Polka. Aussi, malgré tous les renseignements précis dus à Médard, le vieux garçon doutait-il encore, lorsqu'il pénétra dans le petit salon de la Maison-Dorée.

Au résumé, quoi qu'il arrivât, M. le chevalier n'était pas mécontent de sa conquête.

—Si ce n'est point la Polka, se dit-il, c'est, au moins, une ravissante enfant destinée aux plus brillants succès.

Voilà une réflexion encourageante pour un vieux libertin usé, blasé, curieux de stimulants, affamé de petits mystères de boudoir, — triste variété de l'espèce humaine, type trop vulgaire, hélas!

M. le chevalier, — qu'on s'en souvienne, — a quarante huit ans et les sourcils teints en noir.

M. le chevalier n'a pour excuses, ni l'ignorance, ni les passions ardentes, ni la folie de la jeunesse, et l'amour bien moins encore. Faut-il vous dire ce qu'il peut alléguer? — l'habitude. — Oui, l'habitude invétérée de la corruption et du vice, telle est bien la seule excuse de M. le chevalier. Qu'on l'admette, si l'on veut, comme une circonstance atténuante.

Aussi, cette femme masquée, qu'il ne connaît même pas, qu'il est bien sûr de ne point connaître, a-t-elle par cela même un attrait de plus à ses yeux :

— Si tu n'es point Paula, joli masque, lui disait-il, Paula sera détrônée par toi...

— Et si j'étais Paula? repartit la jeune danseuse.

— Si tu étais Paula, tu aurais, cette nuit, assuré ton empire par un inimitable incognito... Que tu sois ou que tu ne sois point Paula, je te proclame la plus belle...

— Sans m'avoir vue? interrompit en riant la Folie enrubanée; mais je suis horrible peut-être. A peine mon loup sera-t-il tombé que vous reculerez d'épouvante...

Le couvert était mis, le menu commandé d'avance; Médard se tenait aux ordres de son maître :

—Débarrasserai-je M. le chevalier de son domino? dit-il.

— Un chevalier!... C'est à merveille! j'aime les gens titrés, moi!... fit la rieuse enfant en jetant sur le canapé son incommode sortie de bal.

— Il n'est pas de la première jeunesse, poursuivit-elle en *à parte*, mais il est galant, aimable, spirituel et fait très bien les choses. Ce salon, retenu d'avance, est le plus coquet de la Maison-Dorée!...

— Belle amour, bas le loup, maintenant!...

— Si tôt, y songez-vous ?

— Je me meurs d'impatience...

— Et moi de peur...

— De quelle peur?

— Je tremble de ne pas souper...

— Quelle plaisanterie! Le champagne est frappé, la table servie...

— Si j'avais une tête de mort ?

— Votre joli menton à fossette, votre front plus blanc qu'un lis...

— Bah! on laisse voir ce qu'on a de moins mal...

— Aussi vois-je des yeux noirs qui n'ont point leurs pareils !

— Peut-être!... Qui sait?...

— Et ce loup de velours nous cache...

— Allons! allons!... Le souper d'abord, j'y tiens !

— Médard l'intimide! pensa le chevalier en congédiant son domestique.

Le valet, qui se promettait bien de ne pas s'éloigner, fut à peine sorti que l'in-

connue ôta son masque. — Le vieux garçon,
comme elle l'avait dit, recula d'épouvante :

— Léonore ! s'écria-t-il.

— Tiens ! repartit la jeune folle en riant,
il ne me connaissait pas !... Mais je ne m'appelle pas Léonore, moi !

— Qui êtes-vous donc, juste ciel ?..., dit le
chevalier en pâlissant.

Une tête de mort l'eût moins effrayé.

L'on devine que Médard était rentré déjà.
Du seuil de la porte il observait avec son
plus diabolique sourire le trouble croissant
du chevalier, tandis que Paula, ivre de plaisir, lui répondait en sautillant et fredonnant sur on ne sait quel air en vogue :

Je suis une enfant du mystère,
. . . .
Une enfant de l'amour !...
. . . .

— Ce couplet chico-chicandard, ajouta-t-elle, est de la fabrique de Ludovic, l'ami d'Aurore Clinquant, ma meilleure amie.

Le chevalier de la Gisaie, mis sur la voie de la vérité par Victoire, murmurait avec horreur :

— C'est ma fille!... Ma propre fille!... Il faut fuir!... Médard! s'écria-t-il ensuite, tu ne m'avais point dit...

— Quoi donc?

— Que la Polka fût l'image vivante de ma nièce Léonore.

— Pardonnez, monsieur le chevalier, je vous ai prévenu qu'elle ressemblait beaucoup à *mademoiselle*...

— A mademoiselle... répéta le vieux garçon.

— Mais monsieur m'interdisait les comparaisons avec Madeleine Vanneau et les autres, je me suis tû...

Paula remarqua enfin le trouble de son cavalier.

— Eh bien! dit-elle, qu'avez-vous donc, vous? me trouveriez-vous horrible à faire peur?...

— Plus que cela! repartit le chevalier en jetant sa bourse sur la table. Arrange-toi avec elle, Médard!...

En même temps, il prit la fuite.

— M. le chevalier, dit le valet en souriant, a cru que vous étiez sa Léonore. Voici de quoi payer les frais de son erreur...

Polka Vif-Argent éclata de rire.

— Le souper n'est point perdu, dit-elle, à moi les bons vivants!

— Reprenez votre loup, belle Paula!...

Croyez-moi!... dit Médard. Voici des amis à intriguer.

Paula trouva le conseil excellent et le suivit. Une troupe de masques envahissait le salon bleu de ciel.

Alors, dans le corridor principal, Coco-Langue-d'Or, le plus disert orateur des bals masqués, donnait à la foule réjouie la première édition d'une harangue burlesque en style de carnaval.

Paula remasquée courut à la porte pour avoir sa part d'une si remarquable improvisation, applaudie à tour de bras par les hôtes de tous les salons et cabinets de la Maison-d'Or.

De ses jours la jeune folle ne s'était tant divertie. Elle avait intrigué ses plus intimes par sa réserve inusitée et se promettait bien de continuer ainsi jusqu'au bout. Ajoutons

qu'une lettre anonyme lui avait donné l'excellente idée de se contrefaire.

Eh bien! malgré les effets de ce chef-
d'œuvre épistolaire, Médard ne serait qu'un
niais s'il n'eût aidé d'autre part aux nouvelles
rencontres sur lesquelles il comptait pour
la fin de la nuit. Ce ne fut donc qu'après
avoir bien amorcé ses lignes, comme di-
raient d'honnêtes pêcheurs, qu'il s'endormit
d'un sommeil profond dans le plus élégant
des cabinets de la Maison-d'Or. Soyons
clair.

Vers minuit et quart, l'alerte Pierrette,
qui répondait au nom d'Aurore Clinquant,
avait été accostée par un mystérieux domino brun :

— Un mot, ma belle, lui dit-il.

— Voyons!

— A cinq heures et demie précises, ton

amie Paula, coiffée en folie, chamarrée de rubans, jupon noir bariolé de chinoiseries, collier d'étoiles et croissants, ceinture écossaise, t'invite à la rejoindre avec ta compagnie à la Maison-d'Or, salon bleu. Le souper sera servi. L'incognito est de rigueur jusqu'après le champagne.

— Vrai?

— Archi-vrai!

— Pas de sottes farces?

— Non! foi de domino brun! avait répondu Médard, bien certain d'avance que Ludovic, cavalier en titre d'Aurore, serait le meneur de la bande composée de Justin de la Gisaie, Casimir, Georges de Lormel et des beautés quelconques qu'il plairait à ces messieurs de s'adjoindre.

Or voilà pourquoi et comment une joyeuse cohorte de masques frais et pimpants se dirigea vers le salon bleu juste au moment où le chevalier s'enfuyait terrifié.

Médard reconnut à leur tête Aurore Clinquant qui, suivant l'avis du mystérieux domino brun, n'avait pas ouvert la bouche du rendez-vous donné par la Polka Vif-Argent, sa meilleure amie.

— Parfaitement! se dit le valet, la première scène est jouée, la seconde se prépare, quant à la troisième je la tiens en réserve pour le dessert!... Allons !

Là dessus, il courut à la recherche d'un neuvième personnage qui ne tarda point à faire son rôle.

Les huit précédents se mirent gaiement à table.

— Mes amis !... mes amis !... Entrez! s'était écrié la folie enrubanée, c'est moi qui régale!.

— Nous, permettre que vous fassiez tous les honneurs, joli masque!... répondit Justin. Nous n'entrons qu'à la condition de vous offrir à souper.

— C'est aux cavaliers qu'appartient ce plaisir! ajouta Casimir de la Gisaie.

Justin, l'amphytrion, avait à sa droite une bergère des Alpes, qui se laissait appeler Therèse Colibri, et à sa gauche, par droit de première possesion, Paula, qui conservait un rigoureux incognito. Après venait Georges de Lormel, lequel n'ayant voulu pendant le bal faire élection d'aucune dame, fut naturellement condamné à séparer l'inconnue de la pierrette Aurore Clinquant. Celle-ci, à sa gauche, avait son cavalier Ludovic, qui était le vis-à-vis de Justin. Le cercle se refermait par Lolotte Manchon, intrépide débardeuse, et son cavalier Casimir, placé entre elle et Thérèse.

Le souper commença galamment.

Moins curieux que le chevalier, ces messieurs ne se montraient pas trop pressés de faire tomber les masques.

— Ah ! que tu es donc gentille ! dit tout bas Aurore Clinquant à son amie la Polka. Tu nous préparais la plus agréable surprise.

— Je ne sais ce que tu veux dire.

— Je parle du domino brun que tu m'as expédié.

— Quel domino ? Je n'y comprends rien.

— Le domino brun, que diable ! celui qui m'a donné rendez-vous ici pour souper. Grâce à toi, nous voici dans un salon charmant, et nous courions risque sans cela de ne plus trouver place.

— Je ne t'entends pas; tu me parles chinois...

— Allons ! tu n'es que mystères. J'attendrai le dessert pour savoir à quoi m'en tenir...

Ludovic se pencha vers Aurore :

— Dis-moi, dans le tuyau de l'oreille, quelle est cette folie écossaise? demanda-t-il.

— Curieux ! répliqua Aurore, fi !

— Tu parais la connaître.

— Moi, trahir le secret du masque ! Ludovic, vous m'offensez !...

— Bon ! l'on se fâche !...

— Du tout ! Découpe, sers, verse à boire et sois aimable !...

— Aimable, on l'est toujours, ma chère,

répliqua Ludovic; à votre tour vous me faites injure!

La rubanière, la folle écossaise, l'inconnue était déjà l'objet de l'attention de tous les convives.

VI

Le souper.

Justin de la Gisaie, une fois au plaisir,
ne manquait pas d'entrain ; Casimir s'y li-
vrait avec une ardeur juvénile ; Ludovic
pétillait, et les quatre invitées rivalisaient
de belle humeur.

Georges seul était assez mal à son aise en pareille compagnie; mais, dissimulant avec tact ses secrètes impressions, il se montrait poli pour ses deux voisines et surtout pour la folâtre inconnue dont il était devenu le cavalier bien malgré lui.

L'agaçante Folie-aux-rubans dut à son incognito tous les succès du premier service. Justin se laissa intriguer de la meilleure grâce du monde. Casimir hasarda les plus folles hypothèses. Ludovic risqua cent burlesques propos que nous passons.

Enfin Thérèse Colibri, Lolotte Manchon et même Aurore parvinrent à reconquérir messieurs leurs cavaliers, et quatre conversations en *à parte*, maintes fois interrompues par les lazzis, les toastes ou les plaisanteries des convives, s'engagèrent simultanément autour de la table.

Paula se trouvait toute heureuse.

Elle connaissait de longue date le jovial Ludovic, dont Aurore lui faisait chaque jour l'éloge ; elle se sentait attirée comme par un charme secret vers Justin et Casimir qu'elle ne connaissait encore que de vue. Chaque fois que son verre heurtait l'un des leurs, chaque fois qu'ils lui adressaient quelques mots aimables, elle éprouvait une satisfaction singulière, un plaisir nouveau pour elle.

— Vous avez là, dit-elle à Georges, deux amis charmants. Qu'ils ont l'air distingué ! Moi, d'abord, je raffole des jeunes gens comme il faut...

— Ceci, madame, fait l'éloge de votre bon goût, dit Georges qui n'avait pu se plier au familier tutoiement du carnaval.

— Ces deux frères, surtout, car ils sont

frères, assurément, me plaisent à un point
infini, ajouta la folie écossaise.

— Prenez garde, dit Georges en souriant,
vous avez ici deux rivales redoutables.

— Thérèse et Lolotte !... mes rivales !...
Oh ! vous ne me comprenez pas, mon voisin. Je serais très fâchée de marcher sur les
brisées d'aucune des deux...

— Vous me surprenez, madame...

— Madame !... Pourquoi pas mademoiselle ou la Folie, tout court ? Vous êtes bien
cérémonieux, monsieur mon cavalier.

— Je l'avoue, mais j'aime mieux pécher
par cet excès que par l'autre. Vous disiez
donc que ces deux frères vous plaisent
beaucoup ?...

— Oui, c'est drôle, c'est original, ça
m'étonne moi-même ; mais je ne sais pour-

quoi ni comment j'ai ressenti pour eux, à première vue, la plus vive amitié...

— De l'amitié, bravo !... Je n'y vois point de mal; après?

— De l'amitié toute pure, pas davantage. Vous concevez bien, qu'en fait d'amour, l'on ne peut avoir deux caprices en même temps.

— Cette preuve est sans réplique, et pour une folie, ma voisine, vous raisonnez avec une rare sagesse.

Intimidée par le ton réservé de Georges, Paula n'osait point à son égard user des priviléges du masque. Elle tutoyait les autres, elle ne se permit pas de le tutoyer, si bien que leur conversation prit assez vite une tournure presque sérieuse.

Heureusement les interruptions des con-

vives l'allégeaient, en obligeant la belle in‑
connue à des répliques plus animées.

— Savez-vous, mon cher voisin, dit-elle
tout à coup à Georges, que vous n'êtes
guère galant?

— Moi!... Quel délit ai-je donc commis
envers Votre Grâce?

— Vous le demandez?...

— Très humblement, mademoiselle la
Folie.

— Quoi! vous portez à la boutonnière
un charmant petit bouquet, et vous ne son‑
gez pas à l'offrir à votre dame?

— J'y ai songé; mais...

— Mais... quelle menace de mauvais com‑
pliments...

— Oh! me permettre un mot de travers
jamais!

— Tout ceci ne vous empêche point de garder votre bouquet avec obstination.

— Avec obstination ! répéta Georges.

— Serait-ce donc un cadeau de votre belle, un gage, un souvenir précieux ?...

— Rien de tout cela. J'ai acheté ce petit bouquet à une pauvre enfant qui bâillait à faire envie ; c'était le dernier qu'elle eût à vendre : — « Va te coucher, lui ai-je dit, et dors à ton gré. » Elle est partie en me remerciant : — « Oh ! je dormirai de tout mon cœur, grâce à vous, monsieur... Amusez-vous bien !... »

— A merveille, fit Paula ; j'en eusse fait autant ; mais pourquoi tenir à ce bouquet alors ?

— Parce qu'un bouquet, ma jolie voisine, a toujours une signification...

— On le sait... moi, je n'ai jamais étudié

que deux livres : *la Clé des songes* et *le Langage des fleurs.*

— Quoi! s'écria Georges, vous n'avez lu que cela?

— J'ai dit *étudié...* Je sais par cœur ma *Clé des songes*, tellement, que la nuit dernière j'ai fait un rêve affreux... Oh! j'ai failli ne point venir au bal; mais j'ai reçu des lettres qui me défiaient d'y paraître sans être reconnue, et me voici!...

— Vous me direz votre affreux rêve...

— Non, il était trop vilain!... Affronts, injures, malheurs, mort, trahisons!... des chats, des ordures, du linge blanc...

— Très-bien; ce ne sera pas tant que je serai votre cavalier qu'on se permettra de vous faire affront. Ainsi votre rêve en aura menti : tout songe est mensonge.

— Je le veux bien, et je le crois, en me voyant en si bonne compagnie.

— Mais quels livres lisez-vous?

— J'ai lu tout ce qu'il y a au cabinet de la place Bréda, et je me monte une bibliothèque de romans à quatre sous. J'adore les romans, moi... Je me figure quelquefois, voyez-vous, que je suis une héroïne moi-même, je deviens princesse...

— Hé! hé! interrompit Ludovic, notre belle inconnue se proclame princesse...

— Laissez donc! fit Aurore, elle perdrait au change!

— Comment cela? s'écrièrent la plupart des convives.

— Parbleu! puisqu'elle est reine.

— Et par droit de conquête, et par droit de vaillance, déclama Ludovic.

— A la santé de la reine! fit Justin.

— Belles conquêtes que les miennes, dit l'inconnue à Georges après le toast ; on me refuse un pauvre petit bouquet de violettes mélangées de roses pompons.

— Il est à vous, dit Georges en souriant, si vous consentez à oublier ce que roses et violettes signifient en langue des fleurs...

— Vous avez donc bien peur de vous compromettre, monsieur Georges ?... Allons, vous m'avez assez dit que vous ne pouvez m'aimez ; je m'en console, quoique vous m'ayez paru gentil tout d'abord, et j'accepte votre bouquet pour la rareté du fait !

Elle prit le bouquet de violettes en ajoutant :

— Acheté par compassion, donné par politesse, il sera précieusement mis à côté du seul objet que je possède, sans le devoir à l'amour.

— Quoi donc ?... quel est cet objet unique en son genre ?

— Ne le répétez pas, ou je suis aussitôt reconnue, répondit Paula en se penchant à l'oreille de Georges ; c'est une jolie petite paire de sabots, que j'ai portée dans mon enfance.

A ces mots, la Folie, secouant son chapeau à rubans et agitant un verre de champagne en guise de marrotte, chanta d'un voix enjouée :

> De l'amour, enfant gâté,
> Je lui dois tout, excepté
> L'ombre d'une parenté.
> Mais naissance et liberté,
> Fortune, santé, gaîté,
> Bonne humeur, légèreté,
> Grâce, franchise et beauté,
> Il m'a tout, oui, tout prêté...

— Pourquoi pas donné? demanda Justin.

— Parce que tout passe, murmura Georges attristé par la frivolité presque naïve de cette enfant de plaisirs.

— Parce que l'amour, dit Casimir, est un usurier qui spécule sur tout ce qu'il avance...

— Casimir va chercher midi à quatorze heures, s'écria Ludovic; c'est parce que la rime voulait du *thé*, nous préférons le champagne... Voici le dessert !... *Ergò*, les verres pleins, et au premier choc, à bas les loups...

— A bas les loups!... répétèrent tous les convives, à l'exception de Georges, qui se posait à lui-même, en ce moment, la plus audacieuse des questions :

— Dans ce milieu de vices et de dévergondage où je me suis laissé entraîner aujourd'hui, se demandait-il, trouverait-on parfois des exemples de corruption, pour ainsi dire innocente? y rencontrerait-on l'ignorance absolue du bien moral et de ses conséquences, de même qu'en une autre sphère on rencontre l'ignorance de la misère et des maux qu'elle engendre?

Digne élève d'un père dont en n'a pas oublié les manières de voir sur les préjugés, le fils du vicomte de Lormel avait dans l'esprit une tendance philosophique. Sans viser au paradoxe, Georges étudiait souvent des questions paradoxales ; il abordait de front d'ardus problèmes, et ne craignant pas de les résoudre seul, il s'était déjà fait, sur une foule de points, des opinions très différentes des opinions reçues.

— Voici une jeune fille qui n'a eu ni père, ni mère pour la guider aux débuts de la vie. Depuis son enfance, elle vit dans un centre impur; des mercenaires ont spéculé sur sa beauté sans qu'elle-même se sentît flétrie; aucune leçon religieuse ni morale ne lui a jamais été inculquée; elle est gaie, elle paraît bonne, il y a une certaine candeur dans sa manière d'avouer son propre avilissement qu'elle ne soupçonne pas. Que sait-elle? rien. On lui a appris à lire, il est vrai; mais qu'a-t-elle lu? — des romans dont elle n'a compris que la partie invraisemblable. Qu'a-t-elle étudié? la *Clé des songes*!... Faute de connaître la misère, les gens du grand monde sont la plupart du temps excusables, lorsqu'ils pèchent par cruauté; il est juste de leur pardonner, car ils ne savent ce qu'ils font!.... N'y aurait-il point de même parmi ces malheureuses

créatures des êtres que leur ignorance complète doit faire excuser aussi ?

Les loups tombèrent, il n'y eut qu'un
cri autour de la table :

— La Polka Vif-Argent !...

Mais ce cri fut poussé avec des accents
bien divers, et tandis que la jeune fille vi-
dait son verre après avoir répondu :

— « Moi-même !..., moi-même !... » —
tandis qu'Aurore, Thérèse, Lolotte, Ludovic battaient des mains, Justin et Casimir
de la Gisaie s'étaient reculés avec un mouvement de mépris, de haine ou même de
dégoût.

— Sortons, mon frère, sortons !... s'é-
cria Justin, je ne puis soutenir la vue de
cette sirène !...

En même temps, lui aussi, jeta sa bourse

sur la table, car il s'était annoncé comme amphitryon.

— Oh ! oui, fuyons !..... dit Casimir. Loin de nous cette misérable !...

Georges entendit et se dressa indigné :

— Messieurs de la Gisaie, dit-il, je suis venu ici à contre-cœur, mais je le regrette d'autant plus, que je vous y vois insulter une femme !...

— Mille grâces de la leçon, monsieur le vicomte de Lormel, répondit séchement Justin, mais regardez-la ; vous comprendrez toute l'horreur qu'elle nous inspire...

Georges vit alors Paula pâle et tremblante qui se tordait les mains en pleurant.

— Léonore ! mademoiselle Léonore !..... s'écria-t-il.

— Non, grâce au ciel, interrompit Justin, mais son image vivante, une insulte qui marche, qui respire, qui agit et qui nous outrage...

— Une malheureuse, ajouta Casimir, qui se pavane sur notre route, et qui récemment encore, aux Champs-Élysées, chevauchait en amazone à côté de la calèche de notre mère, à côté de nous et de notre sœur !...

— Partez donc, messieurs, je paierai, moi ! dit Georges qui n'avait pas même remarqué le mouvement de Justin et croyait encore voir Léonore en personne.

— En voilà du mélodrame ! s'écria Ludovic haussant les épaules. Merci !..... Est-ce donc sa faute à la pauvre fille, si elle ressemble à leur sœur ?..... On peut s'y tromper, par exemple, puisque je m'y suis trompé moi-même.

Georges entendit cette explication donnée à Aurore, Thérèse et Lolotte, par Ludovic, qui prit deux couteaux et tambou-
rina sur son assiette en fredonnant l'air de
la *Diane :*

Aurore,

L'on te voit souvent,

Toi que j'adore

D'un cœur si fervent,

De Turc à More,

Traiter lestement,

Aurore,

Ton fidèle amant!...

— Quoi! ils s'en vont comme ça!..... disaient Thérèse Colibri et Lolotte Manchon,
mais c'est une indignité!... nous planter
là!... ne pas nous reconduire chez nous!.....
Justin et Casimir les repoussèrent et sortirent.

— Non, dit Aurore, ce n'est pas moi qui

traite les gens de Turc à More. Tes amis,
Ludovic, savent la manière par exemple...
Oh! les grossiers personnages!

— Joli souper, repartit le boute-en-train.
Que le diable emporte MM. de la Gisaie et
mademoiselle Léonore leur sœur!... Il
ne suffit donc pas de s'ennuyer chez eux
comme un matou dans un sac, il faut encore qu'on ne puisse finir de souper
gaiement à la Maison d'Or!... Si quelqu'un
me rattrape à faire partie carrée avec eux,
je veux être enrôlé dans le régiment des
imbéciles!...

Georges se rapprocha de Paula qui sanglotait amèrement.

— Que leur ai-je fait? disait-elle. Ils pré-
tendent que je les insulte, mais je n'insulte jamais personne, moi!... Oh! je n'aime
pas celles qui crient et débitent des chape-

lets de grossièretés... Je trouve ça vilain !...
aussi, n'ai-je rien répondu aux sottises de
ces messieurs.

— Vous avez bien fait, mademoiselle
Paula. Il faut toujours éviter les querelles...

— Pourquoi donc m'appelaient-ils sirène et misérable? dites-le moi, monsieur
Georges, car je n'y comprends rien ! quel
mal y a-t-il à se promener en amazone aux
Champs-Élysées à côté de leur calèche ?.....
Je ressemble à leur sœur, eh bien, après ?
ça leur fait-il quelque tort...

— Pauvre ignorante, murmura Georges.

— Ignorante, dites-vous ? —apparem-
ment. J'ignore quelque chose, bien sûr,
puisque je ne comprends rien à leur colère... Pourquoi étaient-ils si bons enfants

tant que j'ai gardé mon masque, et pourquoi ensuite me fuir comme la peste?...

— Mademoiselle Paula, demanda Georges, le jour de votre cavalcade aux Champs-Élysées, êtes-vous restée bien longtemps auprès de la calèche de ces messieurs?

— Oh! oui fort longtemps!...

— Pourquoi donc?

— Les personnes de ma compagnie trouvaient si curieux de me comparer avec la jeune dame qui était en voiture! Notre ressemblance extraordinaire les amusait tant!

— Vous êtes cause que mademoiselle de la Gisaie a été l'objet d'une attention fatigante...

— Oh non! Il n'y avait que des hommes avec moi, et tous ces cavaliers la trouvaient charmante, ce qui me valait autant de compliments à moi qui lui ressemblais tant, à leur dire...

— Et c'est pour recueillir des fadaises que vous restiez à côté de la calèche?...

— Non! j'avais du plaisir à me trouver là. Je regardais M. Justin, puis M. Casimir en leur souriant; ils n'en avaient point l'air contrariés....

— Ils enrageaient et faisaient bonne contenance, pensa Georges tandis que Polka poursuivait :

— La demoiselle seulement était rouge comme une cerise, on la regardait tant!..... mais moi, je ne la regardais pas, car entre femmes, vous savez, c'est très désagréable, et je n'aurais pas voulu lui faire de la peine.

— La pauvre fille n'y conçoit rien!... se disait Georges, elle n'a pas même le sentiment de la différence qui existe entre elle et une jeune personne du monde! — Oh oui! je ne me trompais pas!... Dans notre société même, malgré le prétendu progrès des lumières, il est des natures perverties qui n'ont par elles-mêmes rien de pervers

Cette malheureuse enfant qui sait lire, n'a jamais été envoyée au catéchisme; le nom de Dieu n'est pour elle que la désinence d'un juron. Sur l'arbre de la science du bien et du mal, elle n'a pu cueillir que le mal sans mélange de bien. La profondeur de son ignorance m'inspire pour elle une pitié sympathique, car elle est véritablement innocente dans le vice!...

— Si j'avais essayé de prendre la place de Thérèse ou celle de Lolotte, poursuivait Paula en essuyant ses larmes, je concevrais encore la colère de ces messieurs; mais je ne les aimais que d'amitié, vous le savez bien, vous?...

— Sans doute, dit Georges, et je n'hésite point à blâmer messieurs de la Gisaie...

— La Gisaie, répéta la Polka Vif-Argent, la Gisaie, ce nom-là me saisit...

— Ce n'est point d'aujourd'hui que vous le connaissez?

— Non!... mais je songe que c'était aussi le nom de mon chevalier en domino gris.....

— De quel chevalier, mademoiselle?

— De celui qui m'a conduite ici en sortant de l'Opéra.

— Ce matin?

— Oui, ce matin!...

— Et qu'est il devenu?...

— Lui aussi s'est enfui dès qu'il m'a vue sans masque...

— Oh! fit Georges stupéfait.

— Cela, m'a dit son valet, parce que je
n'étais pas sa Léonore... j'en ai ri la première fois; mais à présent je pleure... C'est
mon rêve qui se réalise, je le sens bien !...

Georges, jusqu'ici, n'avait guère inter-
rogé Paula que par commisération; tout à
coup les plus cruels rapprochements s'opé-
rèrent dans son esprit. Fiancé à Léonore
dont l'humeur bizarre l'inquiétait déjà, il
soupçonna quelque mystère, et jugea qu'il
devait le découvrir et dans son propre intérêt, et dans l'intérêt de la justice.

— Mais vous ne me répondez rien, monsieur Georges; tâchez donc de me faire
comprendre pourquoi je leur fais horreur
à ces messieurs de la Gisaie, que je me sen-
tais prête à aimer comme une sœur... M'est-
il possible de ne plus être pour eux un
objet de haine et de mépris?... Que faire,

monsieur Georges? je voudrais, moi, leur pardonner et devenir une de leurs amies...

Victoire, officieusement prévenue par Médard que la Polka Vif-Argent achevait de souper dans le salon bleu, s'y introduisit peu d'instants après.

VII

Père et mère.

Lettres anonymes à Paula, rencontre de Victoire avec le chevalier et même avec Léonore de la Gisaie, arrivée à point nommé des huits jeunes convives dont le festin s'est terminé si brusquement, enfin apparition d'un neuvième personnage qui n'est autre que Victoire, — tout cela est l'œuvre de Médard, qui connaît les habitudes de chacun et sait habilement exploiter les plus fugitives circonstances.

Victoire, grâce à l'aumône de Georges, avait pu louer un domino et passer la nuit entière à la recherche de Paula qu'elle ne reconnut pas mieux que les autres, car l'illustre polkeuse s'était abstenue de polker et avait su rajeunir, en les modérant, ses pas caractéristiques.

Sur le seuil du salon, l'ancienne femme de chambre de la comtesse de la Gisaie, Victoire Médard, tombée, de chute en chute, aux ordres des héroïnes du quartier Breda, s'arrêta un moment avec une émotion maternelle :

— C'est donc celle-ci qui est ma fille, se

disait la pauvre femme; ah! si je l'avais su plus tôt, quand même j'aurais dû gratter la terre avec mes ongles, j'aurais fait d'elle une honnête ouvrière, moi!... Au lieu d'être la première à servir ses caprices, je lui aurais appris à être sage!... Me pardonnera-t-elle maintenant d'avoir contribué à la perdre?... Paula est ma fille.... ma propre fille!.... Approchons!... elle ne sera peut-être pas trop fâchée de retrouver sa mère.

Cependant Georges avait essayé de répondre aux délicates questions de la Polka Vif-Argent :

— Je ne voudrais pas, mademoiselle, lui dit-il, augmenter le chagrin trop légitime que vous éprouvez...

— Oh! parlez avec franchise, monsieur Georges! ne me cachez rien! je veux tout savoir!

— Briserai-je vos illusions, le seul bien qui vous reste, ma pauvre enfant?

— Brisez!... qu'importe!...

— Il y va de votre bonheur!

— Je suis déjà malheureuse.

— Puis-je vous dire, mademoiselle Paula, que votre existence présente et passée élève entre vous et messieurs de la Gisaie une barrière infranchissable...

— Je ne vous comprends pas, monsieur Georges, dit la jeune fille effrayée.

— Renoncez à l'espoir de vous faire jamais pardonner votre promenade en calèche à côté de mademoiselle Léonore de la Gisaie, votre ressemblance frappante avec elle et votre présence au souper de tout à l'heure...

— Pourquoi?... pourquoi cela? dit Paula pleurant encore.

— Parce que vous serez toujours en butte à la haine de tout ce qui porte le nom de la Gisaie.

— Moi!.... mais que leur ai-je donc fait?...

— Vous ressemblez trop à mademoiselle Léonore, on peut vous confondre ensemble; votre existence même la compromet...

— En quoi? comment?... Voilà ce que je demande...

— O mademoiselle, dit Georges, je croyais en avoir assez dit. Serais-je votre propre père, j'éprouverais un mortel embarras à vous traduire ma pensée. Si je suis clair et précis; à mon tour, je vous blesse, je vous insulte, je suis grossier, ce que je ne veux jamais être. Si je continue à vous déguiser la cause première du mal, vous continuerez peut-être à ne pas me comprendre...

— C'est donc bien laid, monsieur Georges, ce qu'il faudrait me dire ?

— Oui, c'est bien laid... à moins qu'ayant
de longues heures à vous consacrer, on ne
vous ouvre un livre qui ne ment pas comme
la *Clé des songes*...

— Quel livre ?... Nommez-le moi !... Je
l'étudierai, je l'apprendrai par cœur...

— Vous ne l'apprendrez pas sans un maître qui vous enseigne en même temps en
quoi consiste le bien et l'honnête !...

Paula réfléchit à cette réponse ; — elle
avait dix-huit ans à peine, et, n'ayant reçu
ni éducation, ni instruction, elle n'attachait
pas encore un sens bien précis à telles
expressions qu'elle entendait sans cesse.
Néanmoins, devinant à peu près :

— Comment ! s'écria-t-elle, ils m'ont insultée parce que je ne suis pas une femme honnête...

Paula eût été bien embarrassée si on lui avait demandé la signification exacte de ces deux derniers mots; avec une logique enfantine, elle ajouta :

— Mais quand j'avais mon masque, j'étais donc honnête pour eux ?...

Georges soupira et rougit.

— L'honnêteté, suivant le monde, n'est trop souvent qu'un masque, se dit-il tout bas ; puis faisant effort et donnant à sa voix l'accent le plus mélodieux :

— L'honnêteté pour la jeune fille, répondit-il, est dans une pureté de cœur que vous n'avez jamais pu connaître, ma chère Paula.

— Eh bien! si ce n'est pas ma faute, je ne mérite pas d'être traitée comme ils ont fait. Apprenez-moi, mon bon monsieur Georges, à la connaître, cette pureté qu'il faut pour être une femme honnête. S'ils ne peuvent m'aimer et m'estimer dans ma condition, je suis prête à en changer ; je ne demande pas mieux que de me faire femme honnête, mais comment s'y prend-on, je vous prie ?

— Pauvre fille !..... murmura Georges d'un ton douloureux, les termes même dont elle se sert sont vides de sens pour elle !...

— Vous croyez que je ne sais pas ce qu'on appelle une femme honnête ?

— Non, Paula, vous ne le savez point, vous ne l'avez jamais su, mais, quand vous le saurez, votre triste cœur se fendra, et vous êtes, hélas! sur le point de le savoir.

— Dussé-je mourir à l'instant, je veux

tout apprendre, monsieur Georges; parlez donc, parlez!...

— Le lieu, l'heure et le maître sont également mal choisis, répliqua le jeune homme d'un ton grave; mais donnez-moi votre adresse, et bientôt je vous enverrai, car je la chercherai dès aujourd'hui, une femme pieuse et charitable pour vous instruire comme une mère.

— Comme une mère... répéta sourdement la Polka.

— Quand vous l'aurez entendue, poursuivit Georges, vous passerez sans doute par des heures bien cruelles, mais elle vous parlera de la récompense qui attend au ciel le sincère repentir...

— Monsieur Georges!... reprit la malheureuse enfant, plus vous allez, moins je parviens à me rendre compte de vos idées

et de vos intentions... Je sens que vous voulez être bienveillant, que vous me plaignez,
que vous tâchez de me consoler... mais je
vois sur vos traits, à vous aussi, que je ne
vous inspire que mépris et pitié...

Georges de Lormel garda un silence plus
éloquent que ses circonlocutions, et Paula,
consternée, dit alors d'un ton déchirant :

— Suis-je donc, moi, comme une voleuse qui fait honte ?...

— Ah! s'écria le jeune homme désolé,
pourquoi n'avez-vous eu ni père, ni mère!...

En présence de tant de dépravation unie
à tant de candeur, ses yeux s'étaient rem-
plis de larmes. Alors Paula poussa un
grand cri :

— Je leur fais honte!... moi!... comme si
j'étais une voleuse!

Ludovic se retourna brusquement :

— Ah ça! hé !... la belle Polka, dit-il, quel est donc ce revenez-y ?... Je croyais que l'ami Georges nous avait ragaillardie dans son petit coin...

— Laissez-moi, monsieur Ludovic, je ne suis plus en train de rire...

— Je le vois parbleu bien, tu pleures comme la fontaine Saint-Georges, mais pas de ça, la reine aux amours !...

— Oh! laissez-moi pleurer !... dit Paula.

Victoire s'était approchée :

— Ma pauvre fille, demanda-t-elle, pourquoi pleurez-vous donc ?...

— Pourquoi! répondit amèrement Paula, parce que je n'ai ni frère, ni sœur, ni père, ni mère pour me consoler, me protéger, m'aimer et m'apprendre à être honnête....

Thérèse et Lolotte partrent d'un éclat de rire fou. Celles-ci n'étaient point dans l'exception, elles avaient sciemment opté entre une honnêteté laborieuse et une paresse dotée par le vice.

Aurore Clinquant, qui avait été orpheline vers l'âge de quinze ans, soupira :

— J'ai pourtant passé par là ! se dit-elle.

Mais Paula, refaisant en termes touchants le même récit que Médard avait la veille au soir fait à sa femme en termes railleurs, Paula racontait les tristes vicissitudes de son enfance.

Victoire l'interrompit enfin :

— Je suis ta mère !... s'écria-t-elle.

— Vous !... ô bonheur !... j'aurais une mère !... repartit Paula en tressaillant de joie.

— On t'a volée à moi dans ton berceau, le lendemain de ta naissance.... Je ne l'ai

su qu'hier soir... toute la nuit je t'ai cherchée...

— Vrai? bien vrai?..... vous êtes ma
mère!...

Victoire embrassa en pleurant la fille
qu'elle croyait retrouver.

— Les preuves ne nous manqueront pas
demain, sois tranquille, ma chère petite
Paula.

— Venez donc chez moi, je suis riche,
tout ce que j'ai vous appartient... Tenez,
prenez cette bourse... •

C'était la bourse du chevalier.

— Et celle-là aussi, fit Georges en jetant à la vieille Victoire la bourse laissée
par Justin.

— Allons! de plus en plus mélodrame!
s'écriait Ludovic; oh! quel souper pour un
mardi-gras!...

Or la Polka Vif-Argent demandait alors à Victoire avec timidité :

— Mais, dites-moi, je vous en prie, ma mère,. si vous pourrez m'apprendre à être honnête...

— Pour le coup, allons-nous-en!, poursuivit Ludovic incapable de prendre au sérieux la plus folle des polkeuses et Victoire-Chantereine-la-Triomphe. Un tableau si touchant me suffoque! Viens, Aurore, Car l'Aurore Nous implore, Sauvons-nous! Je t'honore, Mieux encore, Je t'adore A deux genoux!... — Adieu, Lormel, adieu... à tantôt!...

Georges demandait l'addition.

— C'est-il donc ennuyeux de n'avoir plus de cavaliers!... disaient à la fois Thérèse et Lolotte.

— Mesdames, Ludovic est à vos ordres

de pied en cap ; je me fends d'un sapin à quatre places.

Le garçon restaurateur remit la carte payante à Georges de Lormel.

— Quelle est celle d'entre vous, mesdames, demanda-t-il ensuite, qui s'appelle Polka Vif-Argent?

— Moi! dit Paula.

— Filons, mes belles, vivement! fit Ludovic, ou nous ne trouverions plus de voitures.

— Si nous allions à la Courtille? proposa Lolotte Manchon à Thérèse Colibri.

— Sans cavaliers? répliqua l'autre.

— Nous n'en manquerions point là-bas.

Sur ces propos elles sortirent avec Aurore et Ludovic..

Le garçon, qui s'était approché de Paula, lui disait alors:

— Il y a dans le couloir un vieux richard qui désire vous parler...

— Son nom? demanda Victoire.

— C'est, je crois, le chevalier de la Gisaie, répondit le garçon à demi-voix :

Georges, qui entendit cette réponse, posa le montant de la note sur la note même et se glissa sans bruit derrière un rideau :

— Le chevalier!... Encore le chevalier! pensait-il; l'énigme se complique. Je veux voir et savoir!... Cette ressemblance étrange, ces lettres anonymes, ces rencontres et re connaissances, cette fureur des frères de Léonore doivent avoir leur explication... Je l'aurai!...

Au nom de la Gisaie, Paula, se retournant, répondit avec force :

— Non! non! renvoyez-le!...

— Pas du tout! s'écria Victoire d'un ton

d'autorité, nous sommes seules..... qu'il entre !...

Le garçon restaurateur salua, trouva sa note, emporta son compte et alla chercher le chevalier.

— Ma mère !... pourquoi lui avoir permis d'entrer ? dit Paula.

— Parce que... parce que c'est ton père ! s'écria Victoire frémissante.

Georges tressaillit, en s'applaudissant de son stratagème.

— Mon père, lui !... disait Paula. Oh ! je comprends son effroi, son horreur et sa fuite.., Je comprends mieux encore son retour !

La pauvre fille attribuait à un bon sentiment paternel un acte de haute prudence et de diplomatie intime, inspiré par Médard à son maître, immédiatement *après le retour* au logis de messieurs Justin et Casimir.

M. le chevalier, en pantoufles et en robe de chambre, méditait sur les tristes résultats de sa nuit de bal masqué, sur sa fâcheuse rencontre avec la Polka Vif-Argent et sur l'effroyable ressemblance de sa nièce avec cette héroïne du monde des plaisirs. — L'on ne devra pas s'étonner que cinq, ou six jours à peine après son retour à Paris, il ne fût pas encore au fait d'une circonstance dont ne parlaient, à l'hôtel de la Gisaie, ni Justin, ni Casimir, ni Léonore ; de telle sorte, que madame la comtesse ne s'en doutait aucunement.

Médard rentra :

— Monsieur le chevalier encore debout...

dit-il en feignant la surprise et en se mettant à ses ordres pour le déshabiller.

— Tu reviens bien tard, riposta le maître avec humeur.

— J'ai voulu voir un peu ce qui se passait par là-bas, monsieur le chevalier.

— Et qu'as-tu vu?

— Rien de bien intéressant ; mais, par contre, j'ai entendu à travers la porte du salon bleu de fort drôles de choses.

— Quoi donc?

— La deuxième édition, revue, corrigée et considérablement augmentée, de votre scène avec la Polka.

— De ma scène à moi?...

— Oui, monsieur le chevalier, messieurs Justin et Casimir l'ont accablée d'injures dès qu'elle s'est démasquée, et ma foi, elle en pleure encore à l'heure qu'il est, sur les

genoux de ma vieille diablesse de Victoire...

— Mes bottes!... mon habit!... mon pale-
tot!... ma voiture!... Vite, vite! s'écria le
chevalier, qui prit un portefeuille riche-
ment garni de billets de banque, et se rendit
tout droit à la Maison-Dorée.

—Bon! fit Médard, ça marche!..... de
mieux en mieux!...

Le chevalier avait senti toute la gravité
des circonstances :

« Obtenir à prix d'or le silence de Vic-
» toire, qui, la veille au soir, d'après lui,
» était évidemment venue faire de l'intimi-
» dation; ne reculer devant aucun sacrifice
» pour éviter de nouveaux scandales; ex-
« pédier, hors de France, et Victoire et sa
» fille, » telles étaient en somme ses intentions.

— Mes aventures de jeunesse, murmurait-il, m'ont condamné à un exil assez long pour que je ne me soucie guère de recommencer. Madeleine Vanneau, d'abord, et cette même Victoire, ensuite, m'ont attiré plus de désagréments qu'elles n'en valaient la peine, corbleu!... Oh! la maudite ressemblance!... A-t-on jamais vu fatalité pareille!... Deux sœurs jumelles ne se ressemblent pas autant que ces deux maudites cousines que je voudrais à tous les diables! C'est qu'il y va maintenant de l'honneur de la famille, et mon neveu Justin est cent fois moins commode que le comte mon frère!

Après un soupir égoïste et sec comme son cœur, le chevalier ajouta :

— Tout n'est pas rose, je m'en suis aperçu à mes dépens, dans ce qu'on appelle les bonnes fortunes!... et j'aurais mieux

fait de me marier tout bêtement avec quelque jeune personne de bonne maison, du
temps que j'avais le choix, ni plus ni moins
que M. de Marly, entre mesdemoiselles de
Valvert, de la Hautefeuillée, de Roqueville,
des Landorres et autres...

La situation présente éveillait, comme on
voit, des souvenirs peu consolants, et faisait
faire de fâcheux retours sur lui-même à
M. le chevalier de la Gisaie, qui n'était rien
moins que gai lorsqu'il rentra dans le salon
bleu de la Maison-d'Or. Il sut néanmoins
se contraindre. Comédien, comme doit
l'être tout vieux libertin homme du monde,
il prit pour la circonstance le même air paternel qu'il avait affecté la veille pour cham-
brer mademoiselle sa nièce.

Paula y fut trompée, et courant à lui :

— Mon père !... ô mon père ! s'écria-t-elle, combien je suis heureuse, aujourd'hui, de retrouver à la fois et mon père et ma mère!...

Par un mouvement instinctif, elle baisa respectueusement la main du chevalier.

— Plus bas! chère enfant!... plus bas... dit-il d'un ton de mystère en la forçant de s'asseoir.

Georges de Lormel ne perdait ni un mot ni un geste; à travers le rideau qui le cachait, il voyait et entendait tout.

VIII

Tel maître, tel valet.

L'expansion chaleureuse de Paula ne
faisait pas du tout le compte de M. le chevalier, qui, de deux maux, choisissant le
moindre, eût été bien aise de pouvoir traiter la question convenablement, mais

froidement, commercialement, avec des chiffres.

— Calmons-nous, mon enfant, je vous en prie, répéta-t-il sans avoir témoigné sa tendresse paternelle par aucune effusion; de la discrétion, de la prudence avant tout, je viens vous apporter la fortune.

— La fortune!... dit Paula ; qu'est-ce que ça me fait à moi ! c'est un père et une mère qu'il me fallait : je les ai retrouvés, je vais pouvoir être honnête!... Mes cousins Justin et Casimir ne m'insulteront plus!... J'aimerai ma cousine Léonore comme une sœur ! Je suis heureuse !...

— Madame Médard ! s'écria le chevalier stupéfait, que signifie ce langage ?,..

— Monsieur le chevalier, répondit Victoire, la pauvre fille ne comprend rien aux choses de ce monde...

— Vous devriez cependant les lui avoir apprises, vous !

— Il n'y a pas une demi-heure que je sais qu'elle est ma fille...

— Tu m'étonnes, Victoire...

— De qui aurait-elle appris à savoir ce que l'on pense de nous dans votre grand monde, monsieur le chevalier ? Est-ce de la mendiante à qui Médard l'a donnée ? Est-ce des saltimbanques qui l'ont fait sauter et danser sur la corde jusqu'à l'âge de quatorze ou quinze ans ? Quant aux séducteurs, qui les premiers ont abusé de son ignorance, pensez-vous qu'ils lui fissent la morale, monsieur le chevalier ?

— Non, sans doute ; mais l'ignorance dont vous me parlez ne se prolonge guère, je le sais !... Ne rien comprendre à la vie, oh ! c'est invraisemblable !...

— Mon père et ma mère disent tout justement les mêmes choses que M. Georges, murmura la Polka Vif-Argent déjà contristée.

— C'est vrai, monsieur le chevalier, c'est très vrai !... affirma Victoire. Si, moi, qui étais honnête, chrétienne, mariée, je me suis laissée prendre à vos menteries, à vous qui m'avez perdue, que pouvait faire, je vous le demande, une pauvre enfant à qui l'on disait que sa vie était celle de toutes les jeunes et jolie filles ?... Elle le croyait, elle l'a cru, elle le croirait encore sans messieurs vos neveux, qui l'ont si brutalement traitée ce matin...

— N'a-t-elle donc pas de compagnes ? dit le chevalier, fort las de digressions et de récriminations, mais qui ne désespérait pas (amère vérité) de trouver sa propre fille

plus vicieuse qu'elle ne l'était réellement...
car une forte somme, en ce cas, devait ar-
ranger toutes choses. — Je ne sais quel
jeu vous jouez... Pourquoi toutes ces fi-
nesses? Où voulez-vous en venir?

— A vous prouver, mauvais père que
vous êtes, dit Victoire indignée, que votre
fille ne savait point qu'elle agissait mal!....
Ça devrait vous faire plaisir, ça, monsieur
le chevalier...

— Allons! allons!... ne nous emportons
pas, je suis ici dans des intentions pacifiques
et honorables. Ce que vous me dites, madame Médard, est si extraordinaire, qu'on
peut bien en douter, convenez-en à votre
tour.

— A la bonne heure, monsieur; mais
vous parliez de ses compagnes, croyez-vous
que ces femmes-là se fassent entre elles des

sermons? Les meilleures se taisent de honte; les folles ne songent jamais à leur triste état, et les mauvaises ne parlent des femmes honnêtes que pour en dire tout le mal imaginable. Notre Paula, monsieur le chevalier, est trop jeune encore, trop gaie, trop insouciante, trop étourdie surtout, pour avoir eu le temps de réfléchir toute seule... Ah! si vous... vous-même... vous l'a-viez vue ici tout à l'heure, fondant en lar-mes, vous en auriez été touché *peut-être*..... vous!...

— *Peut-être!*.... répéta Paula redevenue sombre. Comme ils se parlent!... Ils ont l'air de se mépriser et de se haïr l'un l'au-tre! Si Victoire est ma mère pourtant, et si ce chevalier est mon père, ils devraient au moins se traiter en anciens amis...

— Sans doute!... sans doute!... répondit le vieux garçon à la duègne, j'eusse été fort touché, je le crois ; j'en passe condamnation. Je déclare et reconnais que votre fille Paula est, par son innocence introuvable, la huitième merveille du monde ; j'en suis enchanté, elle gagne dans mon estime et dans mon affection paternelle...

— Ah !... je suis contente ! s'écria Victoire.

Paula redevint soucieuse malgré son excessive curiosité.

— Mais, poursuivit le chevalier, causons sérieusement d'affaires sérieuses. Chargez-vous, ma bonne madame Médard, de donner à cette jeune fille l'intelligence de ce qu'elle ignore, vous lui ferez sa leçon... Quant à vous, mon enfant, écoutez-moi !...

— J'écoute, monsieur... j'écoute, mon père ! dit la jeune fille d'un ton soumis.

— Vous ne pouvez continuer à vivre comme vous le faites, ma chère Paula, reprit le chevalier. En qualité de père, moi, je ne dois plus souffrir que vous deviez vos ressources à la libéralité de vos adorateurs. C'est pourquoi je viens d'abord vous constituer un revenu annuel très convenable qui vous sera exactement payé par mes soins...

— B'en !.. très bien !... fit Victoire.

— Mais, monsieur le chevalier, objecta timidement Paula, si vous êtes mon père, pourquoi ne pas me prendre chez vous? Toutes les autres filles demeurent chez leurs parents quand elles en ont. Tenez! moi tout à l'heure, voyant Victoire pauvre, je lui ai dit naturellement de venir demeurer avec moi et que tout ce qui m'appartient serait à elle...

— Je ne puis malheureusement faire ce que vous désirez, ma chère fille!... Je n'ai pas le temps de vous expliquer quels obstacles s'y opposent... Victoire vous les fera connaître, c'est convenu!... J'ai des ménagements à garder. Malgré tous mes torts, que je reconnais, et que je veux réparer, je ne saurais tenter l'impossible...

— Soyez tranquille, monsieur le chevalier, dit Victoire, je lui ferai la leçon, elle sera discrète et sage...

— Vous ne savez pas, pauvre enfant, continuait le chevalier avec bonhommie, que les préjugés du monde sont des lois inflexibles, dont nul ne peut s'affranchir... Je suis vis-à-vis de vous, Paula, dans la plus fausse des positions, sous tous les rapports!... Mais, pourvu que vous soyez soumise, je me conduirai à votre égard en bon père, soyez-en sûre !...

— Soumise, discrète, je le serai, mon père, je le serai de tout mon cœur...

— Je vous aime, Paula, je vous le prouverai mieux encore par la suite. Voudriez-vous, cependant, pour prix de ma tendresse, me rendre malheureux à jamais, me réduire au désespoir ?

— Moi ! s'écria généreusement l'ignorante jeune fille, j'aimerais mieux être morte !...

— Vous avez bon cœur, Paula ; je vous remercie de ce cri filial !...

Si coriace qu'il fût, malgré tout son hypocrite égoïsme de vieux débauché, le chevalier ressentit une sorte d'émotion vague ; il embrassa sur le front Paula, dont les yeux se remplissaient de larmes de bonheur.

Victoire, bien qu'elle vît parfaitement où tendaient les discours du chevalier, ne pouvait être que satisfaite.

Mais Georges de Lormel était indigné; la duplicité du chevalier le révoltait. Il se félicitait néanmoins d'avoir découvert la cause des ennuis de Léônore. Tout en plaignant Paula et même Victoire, il apercevait un remède au mal de sa fiancée dans cette même démarche dont la forme lui paraissait ignominieuse.

Paula, ravie, disait avec tendresse :

— Je suis prête à faire tout ce que vous me commanderez, mon père, mon cher père...

En ce moment, la porte du salon, quoique fermée à clé, fut ouverte brusquement à un homme qui, le chapeau sur l'oreille, le poing sur la hanche et un sourire mé-

chant sur les lèvres s'avança d'un air ef-
fronté. — Les garçons restaurateurs n'a-
vaient pas cru devoir refuser l'entrée au fidèle domestique de M. le chevalier de la
Gisaie :

— Vous, son père! dit Médard d'un ton
arrogant. Oh! oh! oh!..... Doucement, s'il
vous plaît!.....

— Diable! je suis dans un guet-apens
se dit le chevalier. On a mes secrets, l'on
en veut à ma bourse et l'on est insolent!....
— Chapeau bas! maraud!..... s'écria néanmoins le vieux gentilhomme.

Médard salua jusqu'à terre :

— Victoire est ma femme, monsieur;
par conséquent, si j'y tiens, mademoiselle
sera ma fille !....

— Tiens-y, drôle, et va-t'en à tous les
diables!.....

Médard se croisa les bras en sifflant. Jamais laquais ne fut plus impertinent envers son maître.

— Que signifie tout ceci, ma bonne Victoire ? demandait Paula intimidée.

— Rien !..... rien !..... sois tranquille, ma fille, ton père c'est le chevalier !.....

— Vous croyez, madame Médard ? reprit le valet ; M. le chevalier voudrait bien croire le contraire..... Eh bien, moi, si je vous disais que vous êtes tous dans la plus plaisante erreur !...

— Explique-toi !..... misérable !..... s'écria le chevalier, que veux-tu ?..... Te faire acheter un silence dont tu ferais une spéculation. Tu n'y parviendras point !

— Nous passerons plus tard à ce chapitre-là, monsieur le chevalier !..... Ce n'est pas encore la question..... La question, la

grande question est de savoir qui est la
Polka-Vif-Argent.

Georges de Lormel frémit; Victoire
poussa un cri et courut à Paula... Le chevalier tremblait.

— Si je vous disais, moi, madame Médard, que vous n'êtes pas sa mère? continua le valet en ricanant. Je mens encore
quelquefois, vous disais-je hier soir...

— Ciel! s'écria Victoire en détachant le
collier de Paula, je ne vois point le signe!...

— Le signe! la preuve! répéta Médard
en riant. Ah! ah! que pensez-vous de cette
botte-là, monsieur le chevalier?..... Bien
tapé, n'est-il pas vrai?...

— Non! elle n'est pas ma fille! s'écria
Victoire avec douleur.

— Ce n'est pas notre fille, murmurait
le chevalier devenu livide.

Derrière le rideau, Georges éprouvait un égal sentiment d'horreur.

— Oh! ma bonne vieille Victoire, dit Paula fondant en larmes, pourquoi donc m'avoir trompée?... J'ai été si heureuse un instant!... mais je n'ai plus ni père ni mère, et je ne pourrai devenir honnête!...

La malheureuse enfant sanglotait, elle ne voyait plus, elle n'entendait plus rien de ce qui se passait autour d'elle.

— C'est donc ma fille à moi celle qui m'a chassée et insultée, s'écria Victoire avec colère; c'est ma fille à moi, cette fière Léonore qui s'ennuie et est tentée de s'empoisonner!... celle qui m'a refusé l'aumône, tandis que celle-ci voulait tout partager avec moi!...

— Femme Médard, vous l'avez dit! in-

terrompit le valet de chambre, la fière Léo-
nole est votre fille; quant à la Paula...

— Assez! hurla le chevalier.

— C'est ici que j'avais l'honneur d'attendre monsieur, reprit Médard en saluant
de nouveau jusqu'à terre.

— Voici qui est affreux! l'honneur de la
famille est souillé, dit à demi-voix le chevalier de la Gisaie. Mais silence, coquin! Je
te paierai très cher!... Paula n'entend pas
et n'a rien compris encore. Silence!...

Attirant Victoire et Médard dans le coin
du salon le plus rapproché du rideau derrière lequel Georges était caché, le chevalier continua tout bas :

— Victoire!... celle-ci vaut mieux que
l'autre, garde-là! Tu auras en elle une
bonne fille, et moi je paierai quand même
la pension convenue.

Victoire et Médard hochèrent la tête en même temps.

— Rançonnez-moi!... pillez-moi!... Vous aurez tout ce que je possède!... leur dit le chevalier.

— Je n'en veux rien!... repartit la vieille : Je ne suis plus la Victoire d'autrefois, fille pieuse, et ensuite honnête femme; non! je suis bien déchue... et ça par votre faute à tous les deux : à toi, Médard, qui m'as trahie, rendue jalouse et livrée ainsi à cet homme! à vous, monsieur, qui m'avez séduite, délaissée et abandonnée... Je ne suis qu'une misérable commissionnaire, revendeuse, et presque mendiante... j'ai perdu les trois quarts de mes bons sentiments, mais il m'en reste assez encore pour...

— Silence!.. silence!... dit le chevalier en présentant son portefeuille à Victoire.

— Parle!... fit Médard, ça me divertit!...

— Paula est bonne et généreuse, je ne lui volerai pas ses parents et son nom, moi!... non! je ne les lui volerai pas!

Victoire voulut aller secouer Paula pour l'arracher à sa torpeur, car, on le répète, la triste enfant n'entendait plus, elle ne voyait plus rien, elle pleurait et sanglotait.

Le chevalier essaya de retenir Victoire, mais le valet lui fit lâcher prise.

Victoire courut alors, et relevant Paula de force :

— Votre père, mademoiselle Paula, lui dit-elle, c'est feu M. le comte de la Gisaie, frère aîné de M. le chevalier, votre oncle, le détestable libertin que voici!... Votre mère, qui vit toujours, est madame la comtesse, une noble et digne femme, quoiqu'elle m'ait trop sévèrement traitée!... —

Il n'est pas si étonnant que vous ressembliez à votre cousine Léonore, ma fille à moi, ma vraie fille, celle qui a sur le cou un signe visible... le signe qui vous manque à vous, mademoiselle, et à quoi nous la reconnaîtrons bien!... Oh! j'ai des témoins, j'ai des papiers, j'ai un avocat... Sitôt que mon enfant me fût volée, j'amassai des preuves de toutes sortes, moi... Les affaires sont en règle... Aussi, ce tantôt, ma fille Léonore n'aura qu'à se bien tenir!...

Paula comprenait à peine.

Le chevalier, résolu à conjurer le péril, s'était placé devant la porte, et de là il interrogeait sévèrement Médard, qui dévoilait toute sa machination avec un affreux cynisme.

— Le lendemain de la naissance des deux enfants, disait-il, j'ai substitué celui de ma femme à celui de madame la comtesse. Voilà toute l'histoire en deux mots.

— Mais c'est matériellement impossible, tu mens encore ; tu te complais à me torturer... je ne sais dans quel horrible but...

— Avant tout, monsieur le chevalier, je tiens à bien vous convaincre. Pour un autre, j'en conviens, le double enlèvement eût été impossible ; pour moi, le mari de Victoire et votre valet, monsieur, l'exécution ne demandait qu'un peu d'adresse, et je n'en manque pas, grâce à vos leçons, monsieur le chevalier.

— Tu railles, Médard ; mais mon tour va venir tout à l'heure.

— J'en doute, monsieur. Veuillez suivre, je vous prie. J'eus soin d'abord de vous procurer une délicieuse occasion de passer la nuit hors de chez vous, après quoi, le principal fut fait; j'étais maître du terrain, de l'escalier dérobé, de l'appartement de garçon, des corridors et des passages de communication, si habilement inventés par vous-même, monsieur le chevalier !...

— Ah! tu ne jouiras pas longtemps de ton impudence!...

— Ceci n'est point démontré à votre humble serviteur, monsieur. La petite Léonore, la fille de ma femme, fut déposée d'abord sur votre canapé où je la berçai avec une tendresse quasi paternelle, monsieur le chevalier, en attendant que la nourrice de mademoiselle de la Gisaie fût profondément endormie. Je m'introduisis alors, à pas de loup, dans la chambre contiguë à celle de madame la comtesse, et là je fis les choses avec soin. Une nourrice dort toujours à ravir!... Linges, bonnet, broderies, tout fut échangé par moi en un clin d'œil ; bref, avant le jour, avant que vous fussiez rentré, monsieur, la mendiante dont je vous ai parlé avait entre les mains la petite fille qui porte désormais le nom illustre de Polka Vif-Argent... Suis-je assez clair, monsieur le chevalier?... Voilà pour les moyens ; quant à mes motifs et à mon but, je vais vous les expliquer avec une lucidité semblable...

— Léonore n'est point la fille du comte de la Gisaie!... pensait Georges avec un sentiment de dégoût ; c'est la Polka qui est sa fille!... ô mon Dieu! mais ne nous montrons pas encore! Je veux tout savoir, tout!... ensuite, j'agirai!...

Un nom que le chevalier de la Gisaie ne pouvait s'entendre jeter à la face, sans en frémir de douleur et de courroux, un nom cent fois sinistre, fut ensuite prononcé par Médard, qui dévoilait ses motifs avec une implacable satisfaction :

C'était le nom de Madeleine Vanneau,

cont son sinistre, lui ensuite prononcé par
Méhart, qui dévoilait ses mollio avec une
inquiétude mal-Bertien :

C'était la sœur de Mme..... Laurent,

IX

La peine du talion.

— Madeleine Vanneau a tout conçu, et moi, j'ai tout exécuté, disait Médard. Quand les femmes s'en mêlent, elles trouvent des raffinements de vengeance, dont nous serions absolument incapables, nous autres coquins !...

Le chevalier de la Gisaie, consterné, bouleversé, vaincu par le cynisme de son valet, l'interrompit néanmoins par vingt apos-
trophes véhémentes. Médard n'en tint aucun compte ; nous allons suivre l'exemple
de Médard qui poursuivait en ces termes :

— Lorsque je découvris, monsieur, qu'en
me faisant épouser Victoire, vous n'aviez
eu d'autre but que de la ranger plus facilement au nombre de vos conquêtes, je fus
tenté, je l'avoue, de vous tuer tout bêtement, comme un simple mari offensé. Mais,
précisément à l'époque où j'en guettais
l'occasion, madame Madeleine Vauneau,
veuve de M. de Marly, me fit inviter à passer chez elle. Oh! c'était en ce moment-là
une femme terrible, monsieur le chevalier.
Une tigresse qui a perdu ses petits aurait
été un agneau en comparaison. — Elle

me prouva que je serais un sot de vous tuèr.—

« Tu détestes tous les la Gisaie, me dit-elle.

» Le comte par le mépris qu'il professe pour

» toi, la comtesse par sa morgue dédai-

» geuse, t'ont mille fois exaspéré; l'on

» veut te faire chasser, et toi, tu rendrais à

» ces gens-là le service de les débarrasser

» du seul mauvais sujet de leur famille;

» as-tu songé, mon pauvre garçon, que tu

» assurerais leur bonheur?..... » — Parlez-

moi de ces raisonnements-là, c'est solide,

c'est sans réplique. — « Les préjugés du

» monde sont leurs lois, Médard. Ils croient

» avoir tout dit quand ils ont parlé de leur

» honneur sans tache. C'est dans leur hon-

» neur qu'il faut les torturer, me com-

» prends-tu, Médard?.... Faisons une ta-

» che à cet honneur qui les rend si fiers,

» et nous les frapperons tous d'un seul

» coup, le chevalier comme les autres !... »

— « Mais comment faire ? demandai-je. »

— « Ah ! ah ! madame la comtesse se lève

» et s'enfuit à l'approche de madame de

» Marly !... Elle donne le signal de l'insulte,

» elle est cause qu'on lui tue son mari, son

» sauveur, son héros, son âme ! Elle ne sait

» pas que sans monsieur le chevalier dont

» elle fait un assassin, elle ne sait pas que

» jamais il n'y aurait eu de femme légère

» du nom de Madeleine Vanneau..... Elle a

» outragé Madeleine Vanneau, réhabilitée

» par son mariage avec le plus noble des

» hommes..... Vengeance !..... M. le cheva-

» lier séduit ta femme, Médard, et c'est ta

» femme qu'on chasse, et M. le chevalier

» n'a commis qu'une pécadille, pour la-

» quelle on le boude un peu..... Vengeance,

» te dis-je. » — J'étais déjà tout aux ordres

de madame de Marly, qui, d'ailleurs, devait me payer très grassement.— »Écoute, » Médard, si la comtesse met au jour un » fils, nous en ferons un ignoble bandit; » mais si c'est une fille, oh! oh!..... pour le » coup, notre vengeance sera complète!... » La peine du talion, Médard, la peine du » talion!..... » Commencez-vous à comprendre, monsieur le chevalier ?

Victoire et Paula, muettes, immobiles, haletantes, écoutaient, avec des émotions bien diverses, l'affreux récit de Médard.

— « Je veux que sa fille, tombée en » notre pouvoir, soit pervertie dès l'en- » fance, dégradée, déshonorée, per- » due!..... et puis, quand le jour en » sera venu, nous la lui présenterons, sa » fille, et nous verrons ce qu'elle souffrira » dans son orgueil de femme du monde et

» dans son amour de mère!..... » Voilà,
monsieur le chevalier, voilà le projet de Madeleine Vanneau, et le mari de Victoire a
trouvé à l'accomplir tous les intérêts réunis.

— Pervertie dès l'enfance, dépravée,
déshonorée, perdue!.... répéta la Polka Vif-
Argent, dans l'esprit de laquelle pénétrait
une cruelle lumière.

— « Mais, madame, répondis-je à Ma-
» deleine Vanneau, cela me vengera-t-il,
» moi ?... La fille du comte de la Gisaie n'a
» rien de commun avec Victoire... — » —
« Attendons!..... Les circonstances décide-
» ront de notre conduite..... » Vous voyez,
monsieur le chevalier, de quelles circonstances nous avons su profiter..... Le dernier
jour, je fis pourtant quelques objections :
— « Mais, madame, dis-je à Madeleine,
» l'enfant du chevalier va être choyée, fê-

» tée, caressée, bien élevée..... En quoi
» cela me vengera-t-il, moi ?..... — « Mé-
» dard, sois tranquille, fais ce que je t'or-
» donne, le chevalier souffrira doublement,
» tout comme la comtesse !..... » — J'ai eu
le temps de comprendre que madame de
Marly avait parfaitement raison ; enfin, j'ai
depuis modifié un peu mes propres projets.

— Ce que tu as fait, Médard, s'écria le
chevalier, mérite les galères !..... le sais-
tu ?.....

— Parfaitement !.... Mais ce que vous
avez fait, vous ?..... savez-vous ce que cela
mérite ?..... repartit l'audacieux valet.

— Tu es cause de la corruption de cette
pauvre jeune fille !.....

— Et vous, de l'abjection de cette pauvre vieille femme..... sans parler de Madeleine Vanneau, sans parler de cent autres...

— Et tu oses révéler tes infamies sans crainte des lois ?...

— Sans la moindre crainte !..... Est-ce que je ne connais pas à fond vos préjugés ?... N'allez-vous point me supplier de garder mon secret ?..... vous, et madame la comtesse, et messieurs vos neveux !..... tous les la Gisaie sans exception..... Qu'aurais-je donc à redouter ?..... C'est vous qui avez peur de moi..... et moi, qui ne suis plus l'agent de Madeleine Vanneau, mais votre valet, monsieur le chevalier, je dicterai mes conditions...

— Pourquoi n'as-tu pas commencé par là, misérable ?... Je te proposais une fortune... je voulais seulement que cette jeune fille ignorât tout.....

— Ma force a triplé depuis que Victoire et Paula sont dans le secret!..... Vous paierez trois silences pour un; ceci m'est bien égal !..... Allons, Victoire; allons, Paula, les enchères sont ouvertes !.....

— Que voulez-vous dire, vous, maintenant ? s'écria Paula...

— Vous savez qui vous êtes, repartit Médard; mais la famille de la Gisaie, qui ne peut vous reconnaître après votre vie par trop légère, va vous faire des revenus pour que vous vous taisiez..... Victoire sera votre mère, et moi votre père, ma belle.....

— Vous, mon père !... vous me faites peur... vous êtes si méchant... Victoire n'est pas ma mère, elle me l'a dit!... Moi, j'ai une mère, une vraie mère, la comtesse de

la Gisaie!... Justin et Casimir sont mes frères... et je les aime, moi !...

— Monsieur le chevalier, dit Médard, ti-
rez-vous-en avec celle-ci comme vous pourrez!... Provisoirement, sachez que je suis
le plus à craindre..

— J'ai une mère !.... riche ou pauvre !....
comtesse ou mendiante !... que m'importe à
moi!.,. reprenait Paula d'un accent enthou-
siaste ; je veux ma mère !... je la veux !...

— Vous l'aurez !... s'écria Georges de
Lormel dont l'apparition fut un coup de
théâtre. Plus je vous observe, mademoiselle, plus je vois que, malgré votre douloureuse position, vous avez encore du
cœur !...

Paula regarda Georges avec une pénible
surprise :

— Lui aussi !... lui aussi !... murmura-t-elle. Oh! pourquoi toutes ces insultes dont m'accablent amis et ennemis?...

Des larmes s'échappèrent de ses beaux yeux noirs; elle s'assit, navrée, n'osant plus demander aide ni secours à personne, pas même à Georges.

— Vous ne connaissez que le plaisir! dit amèrement Médard, allez, ma fille, allez apprendre le monde.

—Ne m'appelez jamais votre fille, vous!... car vous me faites horreur!... repartit Paula tremblante. —A toutes ses émotions succédait un effroi facile à comprendre.

Le jeune vicomte de Lormel, s'approchant alors, lui prit la main avec respect :

— Rassurez-vous, mademoiselle, lui dit-il d'un ton énergique. Il me suffit, à moi, de savoir ce que je sais! Vous êtes la fille du comte de la Gisaie, du frère de cœur de mon père. Je vous rendrai à madame la comtesse, votre mère, je le jure sur mon honneur !...

X

Nuit d'insomnies.

Aucun des maîtres de l'hôtel de la Gisaie
ne dormit pendant cette nuit de folles
joies, qui commence au mardi-gras et se
prolonge, d'une façon si païenne, tandis
que l'Église, en sa sollicitude pour les pé-

cheurs, récite les prières de quaranteheu-
res et prépare les cendres pour les fronts
des fidèles.

Agenouillée sur son prie-Dieu, la comtesse gémissait.

Jetant un regard sur sa vie passée, elle se
reprochait amèrement d'avoir, un jour, oc-
casionné, par un mouvement de dédain,
la plus horrible des catastrophes. C'était là
son remords ; et toutes les fois que son cœur
souffrait, toutes les fois qu'un malheur l'at-
teignait dans ses affections, le souvenir d'A-
médée de Marly se représentait à elle.

Longtemps la pauvre femme avait fait pénitence ; longtemps elle avait prié pour
Amédée de Marly et pour l'infortunée Madeleine Vanneau.

Quand le comte de la Gisaie, son mari,
lui fut enlevé après quelques jours de ma-

ladie, la comtesse, accablée de douleur, dit en se frappant la poitrine :

— C'est ma faute! c'est ma très grande faute! O mon Dieu! vous me punissez justement!.. Vous me faites veuve, comme, par mon manque de charité, moi, j'ai fait veuve madame de Marly.

Le repentir de la chrétienne était sincère et profond. Et, cependant, les opinions de la femme du monde s'étaient-elles modifiées en quoi que ce soit? — Non. Elle n'y avait pas même songé, car les préjugés sont des instincts, comme le disait, avec tant de raison, M. le vicomte de Lormel.

La mère chrétienne, en cette nuit de pénitence, priait et se lamentait.

La conduite légère de Casimir, qui voyait souvent très mauvaise compagnie et risquait de marcher sur les traces du chevalier;

l'orgueil inflexible de Justin, qui était néanmoins le meilleur de ses enfants; mais, surtout, l'humeur dure et bizarre de Léonore
l'affligeaient et l'épouvantaient.

— Serait-ce le châtiment providentiel
réservé à ma vieillesse? murmurait la noble
veuve. O mon Dieu, ayez pitié de ma fille
Léonore, qui me semble possédée d'un esprit de rébellion sorti de l'enfer!

Léonore, le soir, au moment où le chevalier s'apprêtait à partir pour le bal, avait
sèchement refusé à sa mère la réponse définitive déjà promise à Georges de Lormel.
Léonore, non plus, ne put fermer l'œil de
toute la nuit.

Entre tous les personnages de ce drame,
Léonore est celui dont les impressions indé-
finies et flottantes se refusent le plus à l'a-
nalyse. Il y a en elle plus de contradictions

qu'en aucun autre, et de ces contradictions profondes que l'on sent mieux qu'on ne peut les expliquer.

Élevée avec soin sous les yeux d'une mère vigilante et pieuse, pourquoi n'a-t-elle pas les qualités qui distinguent généralement les jeunes filles du monde?... En quoi diffère-t-elle de ses compagnes, et jusqu'à quel point manque-t-elle de cette douceur sympathique, de cette aménité, de cet esprit délicat qui peut être ignorant du mal sans cesser d'être rempli de finesse?

Il est un charmant phénomène que l'on observe avec délices dans la haute société française. En France, beaucoup plus qu'ailleurs, on trouve chez les jeunes filles du grand monde une pudeur naïve, une entière innocence, une délicatesse de pensée, parfums des fleurs naissantes, unies à un tact ingénieux qui, semblable à l'instinct de l'hermine, préserve leurs esprits des moindres souillures. Il y a dans leurs regards une pureté qui rafraîchit le cœur, dans leurs sourires les plus intelligents, ou même les plus malins, une modestie, une candeur qui désarme toute critique et ne laisse place qu'à l'éloge.

Ce n'est point que chez elles n'existent en germe toutes les passions de l'humanité, mais ces passions toujours contenues par une éducation prévoyante ne sauraient produire de ravages. Elles vivent dans une sphère épurée où on ne leur laisse voir et entendre que choses saintes et chastes. On dérobe avec sollicitude à leur connaissance tout ce qui pourrait flétrir leurs jeunes imaginations. Le chant des oiseaux n'est ni plus limpide, ni plus innocent que leurs mélodieuses causeries.

Pour les prémunir contre le mal on ne leur enseigne que le bien; elles aiment Dieu, leurs parents et les pauvres, elles savent prier et bénir, ell es ignorent les malédictions et les blasphêmes; bercées dans de nobles et douces erreurs, elles ne soupçonnent pas l'existence des mondes mauvais qui tourbillonnent non loin d'elles.

Ce n'est point non plus qu'on ne rencontre parmi ces jeunes filles des caractères de toutes les natures; mais la culture maternelle fait produire à ces arbrisseaux si divers des fruits également frais et suaves. Vives ou nonchalantes, sérieuses ou enjouées, insouciantes ou romanesques, elles ont de commun la pureté divine qui les fait semblables à des anges égarés sur la terre.

Léonore de la Gisaie, enfant sombre et rebelle, incessament tentée par le démon de l'ennui, est donc dans sa classe une exception rare, et beaucoup plus rare, peut-être, que l'infortunée Paula dans la sienne.

L'ignorance du bien par l'effet du manque absolu de leçons morales se conçoit mieux évidemment que l'amer dégoût de la vie et du monde chez une jeune fille élevée comme l'a été Léonore. Serait-il donc vrai qu'il y a des vices qui sont dans le sang? Faut-il croire que l'éducation n'a pas la puissance de corriger les défauts originels que la fille du chevalier de la Gisaie tient de ses parents véritables? Ou bien, faut-il chercher des causes accidentelles à l'état de Léonore qui, malgré tous les efforts de la comtesse, n'a pu devenir complétement bonne.

Les passions qui grondent en elle sont comprimées; elles ne sauraient faire explosion; eh bien, l'ennui naît d'une lutte intestine dont la jeune fille ne se rend pas même compte.

La rencontre de la Polka Vif-Argent aux Champs-Élysées détermina en Léonore un redoublement de son mal secret. Elle avait entrevu le mauvais monde. Elle se prit à y songer longuement et savoura sa découverte comme Ève le fruit défendu. Elle désira la science du bien et du mal. Bientôt elle se demanda, en son sauvage ennui, si l'amazone sa pareille n'était point la plus heureuse.

Léonore avait surpris et interprété certaines paroles échappées à ses frères, au chevalier et même aux domestiques. Elle entendit des propos que Médard tint devant elle non sans dessein. Elle fit des progrès rapides dans la science qu'elle prenait à tâche de découvrir. Elle perdait sa piété; mécontente d'elle-même, elle crut s'apercevoir qu'on ne l'aimait point; elle douta de sa mère comme elle doutait de Dieu, elle se forgeait des chimères; elle souffrait beaucoup, en vérité.

Le caractère que nous exquissons ici est une exception, ce n'est point une monstruosité, — mais avant l'âge de vingt-quatre ou vingt-cinq ans, on ne le rencontre guère aussi développé que chez Léonore, sujette, à dix-huit ans, aux atteintes de ce spleen dévorant, de cette curiosité avide de mal, de cette *tentation* qui la rend sombre et rebelle.

Peut-être eût-elle aimé Georges, comme Georges méritait d'être aimé, si on lui eût interdit de recevoir ses hommages; mais on le lui présentait comme fiancé, elle résistait : elle résistait pour résister, par esprit de désobéissance, sans savoir pourquoi et tout en s'avouant que Georges était un cavalier accompli. Elle regretta de ne pouvoir l'aimer; elle l'aimait peut-être!...

Au point où nous en sommes arrivé dans cette action, nous ne ferons pas l'inutile récit retrospectif des amours de ces deux fiancés; mais il y avait eu entre eux des heures charmantes, de délicieuses causeries, d'aimables abandons. Léonore cent fois s'était livrée à des mouvements expansifs, cent fois elle avait ravi d'admiration et transporté de bonheur son fiancé Georges de Lormel.

Mais depuis quelques mois de tels moments devenaient rares ; et la veille au soir
elle était dans ses humeurs noires dont les
crises se rapprochaient continuellement.

Dès qu'on a goûté le fruit amer et savou-
reux de la science du bien et du mal, on est
chassé de l'Éden.

Léonore ne dormait plus du sommeil de
l'innocence.

Elle passa la nuit entière à s'interroger ;
et toujours comme une vision glissait devant ses yeux l'amazone des Champs-
Élysées, la Polka Vif-Argent : — la Polka,
cette fille du mauvais monde dont ses frères
lui avaient interdit de prononcer le nom, la
Polka dont un jour Médard vantait le luxe
en parlant aux autres domestiques, la
Polka que connaissait évidemment Ludovic,
la Polka pour laquelle la mendiante de la

veille l'avait prise dans le petit salon de son oncle, la Polka qu'elle enviait parfois et qu'elle haïssait sans autres motifs qu'un de ses plus sinistres pressentiments.

De grand matin, la comtesse entra chez Léonore.

Justin et Casimir, violemment émus, revenaient du bal en ce moment ; ils ne se couchèrent pas.

On sait déjà que le chevalier de la Gisaie, relancé par Médard, ne dormit pas non plus cette nuit. — Dans le salon bleu de la Maison-d'Or, il prenait maintenant à partie l'inébranlable Georges de Lormel.

FIN DE LA PREMIÈRE PARTIE.

EN VENTE :

LES VALETS DE CŒUR
Par XAVIER DE MONTÉPIN. — 3 volumes.

LE BARON LA GAZETTE
Par A. DE GONDRECOURT. — 5 volumes.

UN DRAME EN FAMILLE
Par LE MARQUIS DE FOUDRAS. — 5 volumes.

LE BEAU COUSIN
Par MAXIMILIEN PERRIN. — 2 volumes.

LE NEUF DE PIQUE
Par LA COMTESSE D'ASH. — 6 volumes.

LES CRIMES A LA MODE
Par ANDRÉ THOMAS. — 2 volumes.

LES TROIS REINES
Par X.-B. SAINTINE. — 2 volumes.

AVENTURES DU PRINCE DE GALLES
Par LÉON GOZLAN. — 5 volumes.

LE TUEUR DE TIGRES
Par PAUL FÉVAL. — 2 volumes.

Impr. de E. Dépée, à Sceaux.

www.ingramcontent.com/pod-product-compliance
Lightning Source LLC
LaVergne TN
LVHW020100060726
842526LV00004B/958